एकांकी-रत्नाकर

सम्पादक
डॉ. श्रीधर सिंह

वाणी
प्रकाशन

प्रकाशन के उत्कृष्टतम 62 वर्ष

पेपरबैक पहला संस्करण : 2003
पेपरबैक दूसरा संस्करण : 2006
पेपरबैक तीसरा संस्करण : 2007
पेपरबैक चौथा संस्करण : 2012
पेपरबैक पाँचवाँ संस्करण : 2025

vaniprakashan.com

वाणी प्रकाशन

4695, 21-ए, दरियागंज, नयी दिल्ली-110 002

फ़ोन : + 91 11 23273167, 23275710

शाखाएँ

अशोक राजपथ, पटना-800 004, बिहार

कॉफ़ी हाउस कैम्पस, महात्मा गांधी मार्ग, प्रयागराज-211 001, उत्तर प्रदेश

महात्मा गांधी अन्तरराष्ट्रीय हिन्दी विश्वविद्यालय, वर्धा-442 001, महाराष्ट्र

sales@vaniprakashan.in
vaniprakashan@gmail.com

Ekanki-Ratnakar
Edited by Dr. Shridhar Singh

ISBN : 978-93-5072-250-3

मूल्य : ₹ 95

आर.के. ऑफ़सेट, दिल्ली-110 032 में मुद्रित।

वाणी प्रकाशन का लोगो मक़बूल फ़िदा हुसैन की कूची से

भूमिका

एकांकी : अर्थबोध एवं पारिभाषिक विवेचन

एकांकी का शाब्दिक अर्थ है–'एक अंक वाला'। हिंदी साहित्य में एकांकी का प्रयोग नाटक के उस रूप के लिए किया जाता है जिसमें केवल एक अंक हो। सामान्यतः एकाधिक अंकों वाले नाटक को अनेकांकी न कहकर नाटक ही कहा जाता है। साहित्यशास्त्रियों की एकांकी-विषयक परिभाषाएँ आधुनिक संदर्भों में अपूर्ण हैं। आधुनिक एकांकी नाटक एक स्वतंत्र विधा और एक विकसित कला माध्यम है। वस्तुतः एकांकी न तो नाटक का संक्षिप्त रूप है और न ही एक अंक वाला नाटक, अपितु यह कहानी के समान (जो उपन्यास से सर्वथा भिन्न मानी जाती है) एक स्वतंत्र विधा है।

विद्वानों ने एकांकी को नाना प्रकार से परिभाषित करने का प्रयास किया है। किसी ने आकार-प्रकार की दृष्टि से तो किसी ने प्रतिपाद्य की दृष्टि से एकांकी का विवेचन प्रस्तुत किया है। यहाँ कुछ प्रमुख मत द्रष्टव्य हैं–

''एकांकी नाटक में एक ही घटना होती है और यह घटना नाटकीय कौशल से ही कौतूहल का संचय करती हुई चरम सीमा (Climax) तक पहुँचती है। उसमें कोई अप्रधान प्रसंग नहीं रहता। विस्तार के अभाव में वह घटना कली की भाँति खिलकर, पुष्प की भाँति विकसित हो उठती है। उसमें लता के समान फैलने की उच्छृंखलता नहीं है।''

–डॉ. रामकुमार वर्मा

'पृथ्वीराज की आँखें' संग्रह से

"एकांकी नाटक साहित्य का वह नाट्य-प्रधान रूप है जिसके माध्यम से मानव-जीवन के किसी एक पक्ष, एक चरित्र, एक कार्य, एक पार्श्व, एक भाव की ऐसी कलात्मक व्यंजना की जाती है कि ये एक अविकल भाव से अनेक की सहानुभूति और आत्मीयता प्राप्त कर लेते हैं।"

—हिंदी साहित्य कोश

"बड़े नाटक की तुलना में एकांकी जीवन के एक अंश का पृथक् और विच्छिन्न चित्र उपस्थित करता है, जीवन की झाँकी मात्र देता है। विभिन्नता के बदले एकीकरण, विशृंखलता के बदले एकाग्रता, पूर्णता के बदले अपूर्णता, फैलाव के बदले सीमित्व, विस्तार के बदले संक्षिप्तता इसके गुण हैं।"

—उपेन्द्रनाथ अश्क

'प्रतिनिधि एकांकी' की भूमिका से

"एकांकी में हमें जीवन का क्रमबद्ध विवेचन न मिलकर उसके एक पहलू, एक महत्त्वपूर्ण घटना, एक विशेष परिस्थिति अथवा एक उद्दीप्त क्षण का चित्र मिलेगा।"

—डॉ. नगेन्द्र

'आधुनिक हिंदी नाटक'

भारतीय विद्वानों की भाँति पाश्चात्य समीक्षकों ने भी एकांकी का स्वरूप-विश्लेषण किया है—

"एकांकी की प्रकृति ऐसी होती है कि उसमें नाटककार को किसी विशेष समस्या, किसी विशेष परिस्थिति अथवा घटना का इस प्रकार नियोजन करना पड़ता है कि वह धीरे-धीरे अपने आप विकसित हो जाए।"

—पिंकर्ड ईटन

'चीफ फॉल्ट्स इन राइटिंग वन-ऐक्ट प्ले'

"एकांकी कुछ मिनटों से लेकर पूरे एक घंटे तक नाट्यकार की इच्छानुसार फैलाया जा सकता है। उसमें एक या अनेक दृश्य हो सकते हैं किंतु उसका झुकाव ऐक्ट की ओर विशेष रूप से रहता है। यह उसी

समय तक चलना चाहिए जब तक दर्शक बिना उकताए देखते रहें। उसमें लंबे-लंबे वर्णनों की बहुलता न रहे जिनका मनोवैज्ञानिक महत्त्व बड़े नाटकों में रहता है।''

—**परसीवियड वाइल्ड**

'द क्राफ्टमैनशिप ऑफ वन-ऐक्ट प्ले'

उपर्युक्त मतों की विवेचना से हम इस निष्कर्ष पर पहुँचते हैं कि—

1. एकांकी आकार-प्रकार की दृष्टि से संक्षिप्त होता है। एकांकी में मानव-जीवन की एक घटना पूर्ण प्रभाव के साथ व्यक्त होती है।
2. एकांकी सुनिश्चित संकल्पित लक्ष्य की ओर तीव्र गति से बढ़ता है। उसमें आकस्मिकता और तन्मयता विद्यमान रहती हैं।
3. एकांकी एक अंक (जिसमें अनेक दृश्य हो सकते हैं) तक सीमित रहता है।
4. एकांकी में पात्रों की संख्या मर्यादित होती है। एकांकी एकपात्रीय भी हो सकता है।
5. एकांकी में संकलन-त्रय का निर्वाह सर्वथा अपेक्षित है।
6. एकांकी का अन्त आकस्मिकता और चरम सीमा (Climax) पर होता है।
7. एकांकी का उद्देश्य रंजन नहीं है अपितु उसमें मानव जीवन के विविध पक्षों का संवेदनात्मक संप्रेषण संकल्प होता है।

समग्रतः कहा जा सकता है कि एकांकी विशिष्ट जीवन सत्य की एकाग्र अभिव्यक्ति करने वाली संक्षिप्त रचना है। इसमें जीवन का एक पक्ष पूर्णता के साथ व्यंजित होता है।

एकांकी के भेद-उपभेद

आधुनिक काल में साहित्यिक अभिव्यक्ति विविधोन्मुखी हुई है। यही कारण है कि एक-एक विधा के अंतर्गत अनेकानेक उपविधाएँ विकसित हुई हैं। एकांकी विधा भी इस तथ्य का अपवाद नहीं है। सामान्यतः एकांकी

नाटकों का वर्गीकरण निम्नाधारों पर किया जाता है–

(क) प्रवृत्तिगत आधार पर

1. **समस्या एकांकी**–भुवनेश्वर एवं लक्ष्मीनारायण मिश्र के एकांकी इस श्रेणी के हैं। इस प्रकार के एकांकी में जीवन की समस्या को आधार बनाकर लेखक अपना दृष्टिकोण प्रस्तुत करता है।

2. **संवेदनात्मक एकांकी**–इस प्रकार के एकांकियों में लेखक हृदयस्पर्शी अनुभूति से दर्शकों को भावविभोर कर देता है। रामकुमार वर्मा, सेठ गोविन्ददास प्रभृति के एकांकी इसी श्रेणी के हैं।

3. **प्रगतिशील चिंतनपरक एकांकी**–इस प्रकार के एकांकी सामाजिक वर्गभेद पर आधारित होते हैं। अश्क जी के एकांकी इस श्रेणी के हैं।

4. **आदर्शात्मक एकांकी**–इस वर्ग के एकांकियों का उद्देश्य प्रख्यात कथा या पात्र के माध्यम से चरित्र-उत्थान की चर्चा होता है। वृन्दावनलाल वर्मा के एकांकी इसी श्रेणी के हैं।

(ख) कथ्य संदर्भों के आधार पर

1. **पौराणिक एकांकी**–रांगेय राघव का 'नाटक का प्रारम्भ' आदि।

2. **ऐतिहासिक एकांकी**–डॉ. रामकुमार वर्मा का 'दीपदान' आदि।

3. **सामाजिक एकांकी**–लक्ष्मीनारायण लाल का 'मम्मी ठकुराइन' आदि।

4. **राजनीतिक एकांकी**–उदय शंकर भट्ट कृत 'पिशाचों का नाच'।

5. **मनोवैज्ञानिक एकांकी**–विष्णु प्रभाकर का 'माँ-बाप'।

6. **सांस्कृतिक एकांकी**–डॉ. रामकुमार वर्मा, डॉ. मोनावत प्रभृति के कुछ एकांकी इस श्रेणी के हैं।

7. **वैज्ञानिक एकांकी**–विनोद रस्तोगी का 'मंगल-मानव मशीन' आदि।

(ग) अभिव्यक्ति के आधार पर

1. **हास्य-व्यंग्य प्रधान एकांकी**–हरिशंकर शर्मा का एकांकी 'चिड़ियाघर'

आदि।

2. **गीतात्मक एकांकी**–हरिकृष्ण प्रेमी के एकांकी इसी श्रेणी के हैं।

3. **प्रतीकात्मक एकांकी**–डॉ. धर्मवीर भारती का 'नीली झील' आदि।

(घ) शिल्पगत आधार पर

1. रंग एकांकी
2. एक पात्रीय एकांकी
3. फैण्टेसी
4. गीति-नाट्य
5. झलका
6. रेडियो एकांकी
7. एकांकी ऑपेरा (खुले मंच पर अभिनीत)
8. दृश्य-श्रव्य एकांकी (दूरदर्शन पर अभिनीत)

इसके अतिरिक्त जन-नाटक (नुक्कड़), ध्वनि नाट्य को भी एकांकी का भेद माना गया है।

एकांकी का रचना की दृष्टि से तात्त्विक विवेचन

जिन आधारभूत उपादानों से एकांकी का स्वरूप निर्मित होता है वे उसके तत्त्व कहलाते हैं। एकांकी के प्रमुख और गौण मिलाकर छह तत्त्व मान्य हुए हैं–

1. कथावस्तु
2. चरित्र-विधान
3. रचना-शिल्प संवाद एवं भाषा-शैली
4. संकलन-त्रय
5. रंग-निर्देश और अभिनेयता
6. उद्देश्य

(1) कथावस्तु

यह एकांकी का आधारभूत तत्त्व है। इसके अभाव में एकांकी की

कल्पना ही नहीं हो सकती। एकांकी की रीढ़ भी कथावस्तु को कहा जा सकता है। एकांकीकार साहित्य की अन्य विधाओं के रचनाकारों की भाँति संसार की समस्याओं और व्यापारों के मध्य रहता है। वह उनका द्रष्टा और भोक्ता भी होता है। यही रस-दृष्टि कथावस्तु की पीठिका होती है। एकांकी की कथावस्तु का संगठन लाघव के साथ किया जाना चाहिए। सफल एकांकी के कथानक के लिए निम्नांकित अनिवार्यताएँ स्वीकारी जाती हैं—

1. कथावस्तु का चयन जीवन के किसी भी क्षेत्र से किया जा सकता है। कथावस्तु पौराणिक, ऐतिहासिक, सामाजिक, राजनीतिक, आंचलिक किसी भी प्रकार की हो सकती है।
2. कथावस्तु में विस्तार की अपेक्षा संक्षिप्तता होनी चाहिए।
3. कथावस्तु में कौतूहल एवं स्वाभाविकता आवश्यक है।
4. कथावस्तु वर्णनात्मकता के स्थान पर अभिनयात्मक होनी चाहिए।
5. कथावस्तु में क्षिप्र प्रवाह, आकस्मिकता एवं चरम सीमा (Climax) का समावेश होना चाहिए।

एकांकी में जीवन संघर्ष एवं अंतर्द्वंद्व का समाहार कथावस्तु को जीवन्त बनाता है।

(2) चरित्र-विधान

चरित्र-विधान और कथावस्तु परस्पर आश्रित और पूरक तत्त्व हैं। आधुनिक एकांकी का सर्वाधिक महत्त्वपूर्ण तत्त्व चरित्र-चित्रण है। यह तत्त्व लेखक की रचनात्मक सफलता की कसौटी है। क्योंकि स्थान एवं समय-मर्यादा के अनुरूप एकांकी में चरित्र संगठन और चित्रण होता है। एकांकीकार के पास पात्र के संबंध में कुछ कहने का अवकाश नहीं होता। इसी कारण चरित्र-चित्रण सांकेतिक होता है। एकांकीकार वेशभूषा, वार्तालाप एवं विभिन्न पात्रों के क्रियाकलापों द्वारा चरित्र-चित्रण करता है। एकांकी के सफल चरित्र-विधान में निम्नांकित विशेषताएँ होनी चाहिए—

1. चरित्र-चित्रण का प्रमुख आधार मनोविश्लेषण पद्धति होनी

चाहिए।

2. चरित्र-चित्रण मानवीय स्तर पर होना चाहिए। यह स्वाभाविक, स्पष्ट और निष्पक्ष होना चाहिए।
3. पात्रों की संख्या समय, स्थान और घटना सीमित्व के कारण मर्यादित होनी चाहिए।
4. एकांकी की चरित्र-योजना कथा-प्रवाह में सहायक होनी चाहिए।

(3) रचना-शिल्प संवाद एवं भाषा-शैली

एकांकी-संयोजना में रचना-शिल्प का विशेष महत्त्व है। संवाद और भाषा-शैली एकांकी रचना-शिल्प के मुख्य उपादान हैं। रचना-शिल्प के अंतर्गत हम इनका अलग-अलग विवेचन प्रस्तुत करेंगे।

एकांकी संवादात्मक रचना है। पात्रों की वेश-भूषा एवं रंग-संकेत के अतिरिक्त वर्णनात्मकता को एकांकी में कहीं स्थान प्राप्त नहीं है। एकांकीकार पात्रों के माध्यम से ही अपने विचारों को व्यक्त करता है। इस दृष्टि से संवाद संयोजन का विशेष महत्त्व हो जाता है। संवाद-सफलता हेतु निम्नलिखित विशेषताएँ आवश्यक हैं–

1. संवाद संक्षिप्त, सारगर्भित, स्वाभाविक, वाग्वैदग्ध्यता-युक्त एवं प्रवहमान होने चाहिए।
2. संवादों में पात्रों की चारित्रिक विशेषताएँ उद्घाटन एवं कथा-विकास की क्षमता होनी चाहिए।
3. स्वगत-कथन (यद्यपि यह पात्र-मनःस्थिति उद्घाटन का विश्वसनीय माध्यम है तथापि) का एकांकी में कम अथवा मर्यादित स्थान ही होना चाहिए क्योंकि मानसिक स्थिति को जोर-जोर से बोलकर व्यक्त करना अस्वाभाविकता का कारण बनता है।

भाषा-शैली एकांकी-संप्रेषण का आत्मतत्त्व है। संवाद एकांकी का आधार है अतएव संवाद और भाषा-शैली का सीधा सम्बन्ध स्थापित हो जाता है। समय, स्थान और घटना सीमित्व के कारण भाषा का दायित्व अधिक और महत्त्वपूर्ण हो जाता है। सफल एकांकी-नाट्य की भाषा-शैली

में निम्न विशेषताएँ होनी चाहिए–

1. भाषा में मार्मिकता एवं व्यंजनात्मकता होनी चाहिए।
2. एकांकी की भाषा सहज, सरल, सरस, सुबोध, संकेतात्मक कथावस्तु की प्रकृति एवं पात्रानुकूल होनी चाहिए।
3. एकांकी भाषा में चमत्कार-आग्रह नहीं होना चाहिए।
4. एकांकी की शैली नाटकीय त्वरायुक्त, लाक्षणिक एवं संकेतात्मक होनी चाहिए।

(4) संकलन-त्रय

संकलन-त्रय का अर्थ है–स्थान, समय एवं कार्य की एकता। स्थान-ऐक्य से तात्पर्य है घटना का सीमित क्षेत्र में प्रदर्शन। समय-ऐक्य का तात्पर्य है घटना का एक निश्चित समय में सम्पन्न होना। कार्य-ऐक्य का तात्पर्य है पात्रों द्वारा सीमित कार्य को प्रस्तुत करना। वस्तुतः संकलन-त्रय की संकल्पना ग्रीक नाट्यशास्त्र की देन है। एकांकी में संकलन-त्रय के सम्यक् निर्वाह से एकांकी प्रभविष्णु बनता है। एक स्थान और समय में एक कार्य के सम्पादित होने से एकांकी की कलात्मकता एवं प्रभावशीलता में अभिवृद्धि होती है। यही कारण है कि संकलन-त्रय आधुनिक एकांकी का महत्त्वपूर्ण किम्वा अनिवार्य तत्त्व बन गया है। कुछ आलोचक एकांकी में संकलन-त्रय की स्थिति को आवश्यक नहीं मानते। उनकी मान्यता है कि 'एकांकी की प्रकृति और उसके रचना कौशल पर आधारित है कि वह कथा के विभिन्न कोणों को एक दृश्य में मिलाए और समय, स्थान तथा कार्य की दूरियों को एक कर दे।' इसलिए संकलन-त्रय के निर्वाह को अनिवार्य नियम नहीं स्वीकारा जा सकता। हिंदी में कुछ ऐसे सफल एकांकियों की रचना हुई है जिनमें संकलन-त्रय का सम्यक् निर्वाह नहीं हुआ, किंतु ऐसे एकांकी कम हैं और उन्हें अपवाद मान सकते हैं। एकांकी में संकलन-त्रय का निर्वाह कथावस्तु को प्रभावशाली बनाता है। इससे एकांकी में एकाग्रता, कसावट एवं मंचीय सुविधा आ जाती है। यही कारण है कि संकलन-त्रय का महत्त्व वर्तमान में समस्त एकांकीकार स्वीकार रहे हैं।

(5) रंग-निर्देश और अभिनेयता

रंग-निर्देश के माध्यम से एकांकीकार निर्देशकों और अभिनेताओं को आवश्यक संकेत और सूचनाएँ देता है। इनसे एकांकी के मंचन में सहायता मिलती है। एकांकी में वातावरण निर्माण, भावाभिव्यंजना एवं अभिनयात्मकता का समावेश भी इन्हीं रंग-निर्देशों के माध्यम से होता है। सफल एकांकीकार के लिए आवश्यक है कि वह रंग-निर्देशों के महत्त्व को समझते हुए एकांकी में संतुलित नाट्य-संकेत दे।

अभिनेयता एकांकी का प्राणतत्त्व है। अभिनय ही एकांकी के लक्ष्य की प्राप्ति का माध्यम है। अतः रंगमंच पर अभिनय की दृष्टि से एकांकी नाट्य का सफल होना अति आवश्यक है। अभिनयात्मकता का तनिक-सा भी अभाव एकांकी की संप्रेषणीयता को समाप्त कर सकता है।

सफल एकांकी में रंग-निर्देश और अभिनेयता के संदर्भ में निम्नांकित तथ्यों का ध्यान रखा जाना चाहिए–

1. रंग-निर्देश पाठक की कल्पना उद्दीप्त करने में सहायक हों।
2. पात्रों की संख्या कम हो।
3. कथोपकथन संक्षिप्त और सार्थक हों।
4. कथानक में अंतःसंघर्ष को पर्याप्त स्थान हो।

(6) उद्देश्य

प्रत्येक साहित्यिक रचना सोद्देश्य होती है। साहित्यिक रचनाओं का प्रयोजन मात्र मनोरंजन नहीं है। सुनिश्चित रचना दृष्टि के बिना कोई कलाकृति अर्थहीन होती है। एकांकीकार भी अपने जीवन-दर्शन को प्रत्यक्ष या परोक्ष रूप से प्रस्तुत करता है। एकांकी में कोई सूक्ष्म संकेत सन्निहित रहता है, यही एकांकी की मूल संवेदना होती है। मूल संवेदना अपनी परिणति पर पहुँचकर दर्शक के मन को किसी संदेश से आंदोलित कर जाती है। वस्तुतः एकांकीकार का लक्ष्य भावव्यंजना द्वारा एक स्थायी प्रभाव छोड़ना है। यह प्रभाव ही एकांकी का उद्देश्य है। एकांकीकार सामाजिक व्यवस्था में सुधार चाहता है। एकांकी का उद्देश्य इसी कामना की पूर्ति में सार्थक होता है।

एकांकी के तात्विक विवेचन के पश्चात् हम सहज ही कह सकते हैं कि एकांकी एक विशेष विधा है ? जिसे विवेचित तत्त्व अन्य विधाओं (नाटक-कहानी) से पृथक् करते हैं। कहानी से उसे संवाद अलग करते हैं तो आकार और संवेदना का प्रभावोत्पादक स्वरूप उसे नाटक से भिन्न करता है। आज एकांकी लोकप्रिय नाट्य विधा बन गई है। आज के युग में समयाभाव और जीवन-संघर्षों की वृद्धि के कारण एकांकी की उपयोगिता बढ़ती जा रही है। यही कारण है कि एकांकी का रचनात्मक स्तर निरंतर समुन्नत हो रहा है। हाँ, उसके स्वरूप में हो रहे परिवर्तन उसके विकास की ही पहचान कराने वाले हैं।

एकांकी : विकास की पृष्ठभूमि

प्राचीन भारतीय काव्यशास्त्रियों ने काव्य के विषय अथवा इंद्रियों को प्रभावित करने की दृष्टि से दो भेद किए हैं—श्रव्य काव्य और दृश्य काव्य। एकांकी दृश्य काव्य का ही प्रभेद है। दृश्य काव्य में नेत्र और श्रवण पथ से सामाजिक के हृदय में रस-संचार होता है। एकांकी अल्प समय में जीवन की झाँकियाँ प्रस्तुत कर जनरंजन का कार्य करता है। वस्तुतः एकांकी जन जीवन की पठन, श्रवण और दर्शन तीनों प्रकार की तृषा का शमन करता है।

साहित्य-आलोचकों और विद्वानों का एक वर्ग एकांकी विधा को पश्चिम की देन मानता है, यह मत सर्वथा सत्य नहीं है। संस्कृत में नाट्य-साहित्य की लंबी परंपरा विद्यमान है। आचार्य भरत मुनि ने 'नाट्यशास्त्र' में रूपक (जो आज नाटक के लिए रूढ़ शब्द बन गया है) का विशद विवेचन किया है। हमारे यहाँ रूपक के दस भेद माने गए हैं—नाटक, प्रकरण, भाण, प्रहसन, डिम, व्यायोग, समवकार, वीथी, अंक और ईहामृग। इनमें से भाण, व्यायोग, अंक, वीथी, प्रहसन आदि को निश्चयतः एकांकी कहा जा सकता है। महाकवि भास कृत 'उरुभंग', नीलकंठ कृत 'कल्याण सौगन्धिक' आदि एकांकी के आरंभिक रूप ही हैं। इस दृष्टि से एकांकी नाट्य शुद्ध भारतीय विधा है। वर्तमान में संस्कृत के एक-अंकीय साहित्य रूप से सर्वथा स्वतंत्र विधा के रूप में विकसित

हुआ है। हाँ, यह स्वीकार्य तथ्य है कि एकांकी पर पश्चिमी रचना-शैली का स्पष्ट प्रभाव परिलक्षित होता है।

पश्चिम में एकांकी बहुत पुरानी विधा नहीं है। वहाँ भी यह आधुनिक साहित्य रूप है। वस्तुतः पश्चिम में एकांकी बहुअंकीय नाटकों में पूर्व होने वाले यवनिका-उत्थापक (Curtain Raisers) छोटे नाटकों का विकसित रूप है। 10वीं शताब्दी के आस-पास यूरोप में ईसाई मिशनरियाँ धर्मोपदेश के लिए नाटकों का सहारा लिया करती थीं। चमत्कारपूर्ण, रहस्यपूर्ण एवं नीतियुक्त एकांकी उस समय लिखे और मंचित किए गए। 13वीं शताब्दी में बड़े पैमाने पर नीतिपरक एकांकी का प्रचलन हुआ, इस प्रकार पाश्चात्य एकांकी का जन्म धार्मिक-नैतिक परिप्रेक्ष्य में हुआ। शेक्सपीयर के नाटकों ने इनकी लोकप्रियता को कम किया, किंतु ये समाप्त नहीं हुए। व्यावसायिक रंगमंच के विकास के बाद ये एकांकी उसके सहायक के रूप में जीवित रहे। धनिक वर्ग की समयाभाव एवं बिना खाए-पीए अधिक देर तक बैठ पाने की असमर्थता के कारण नाटक विलंब से शुरू होता था। अतएव पहले आ जाने वाले दर्शकों के लिए 'प्रवेशिका' (Curtain Raisers) एवं 'अनुसारिका' (After Peice) के रूप में छोटे प्रहसननुमा नाटक प्रस्तुत किए जाते थे। सन् 1903 में डब्ल्यू. जैकब की कहानी 'बंदर का पंजा' को 'कर्टेन रेजर' के रूप में लुई पार्क के रूपान्तरण को प्रस्तुत किया गया। दर्शक इससे इतने प्रभावित हुए कि मूल नाटक देखे बिना चले गए। तब से 'कर्टेन रेजर' के मंचन पर प्रतिबन्ध लग गया। यह प्रतिबन्ध एकांकी के लिए वरदान सिद्ध हुआ और वह स्वतंत्र विधा के रूप में विकसित हुई।

हिंदी में एकांकी परंपरा भारतेंदु हरिश्चन्द्र से पूर्व अविच्छिन्न रही। भारतेंदु और उनके समकालीन लेखकों ने एकांकी की परंपरा को पुनर्जीवित किया। हिंदी में एकांकी का समारंभ भारतेंदु काल से ही माना जा सकता है।

हिन्दी एकांकी : विकास और प्रवृत्तियाँ

हिंदी साहित्य के इतिहास लेखकों ने एकांकी के विकासक्रम को चार कालों में विभक्त किया है–

(क) भारतेंदु युग
(ख) द्विवेदी युग
(ग) आधुनिक युग
(घ) समकालीन युग

(क) भारतेंदु युग

हिंदी की अन्य गद्य विधाओं की भाँति ही एकांकी नाटक भी भारतेंदु युग में पुष्पित हुआ। भारतेंदु के 'धनंजय-विजय', 'विषस्य विषमौषधम्', 'वैदिक हिंसा हिंसा न भवति', 'पाखंड-विडंबन', 'भारत जननी' आदि से हिंदी एकांकी को पुनर्जीवन प्राप्त हुआ। भारतेंदु मंडल के अन्य एकांकीकारों में बालकृष्ण भट्ट (बाल विवाह), प्रताप नारायण मिश्र (कलि कौतुक), किशोरीलाल गोस्वामी (चौपट-चपेट), राधाकृष्ण दास (दुखिनी बाला), देवकीनंदन त्रिपाठी (कलियुगी विवाह), बदरीनारायण चौधरी प्रेमघन (प्रयाग राम गमन) एवं काशीनाथ खत्री (निकृष्ट नौकरी) आदि के नाम उल्लेखनीय हैं जिन्होंने एकांकी नाटक को विकसित किया। इस युग में मौलिक एकांकी नाटकों के अतिरिक्त संस्कृत नाटकों का अनुवाद भी प्रस्तुत किया गया। इस युग के रचनाकार एक प्रकार से एकांकी विधा के क्षेत्र में प्रयोग कर रहे थे। इस युग के एकांकीकारों ने एकांकी के माध्यम से देश की दुर्दशा, पराधीनता-बोध तथा सामाजिक जड़ताओं के बड़े ही मर्मस्पर्शी चित्र प्रस्तुत किए। भारतेंदु युगीन एकांकी में निम्नांकित प्रवृत्तियाँ दृष्टिगत होती हैं—

(1) इस युग के एकांकीकार नवीन विचारधारा से प्रभावित होते हुए भी संस्कृत एवं पारसी नाट्य-शैली के प्रति आग्रहशील थे। कथनों की पद्यात्मकता, नांदी-पाठ, भरतवाक्य, प्रस्तावना आदि को इस संदर्भ में लक्षित किया जा सकता है।

(2) रंगमंच के अभाव में मंचीय उपकरणों का विधान इस काल के एकांकियों में समुचित रूप से न हो सका।

(3) स्वगत-कथन, आकाशवाणी, काव्यात्मक भाषा प्रयोग आदि इस युग के एकांकी की प्रवृत्तिगत विशेषताएँ हैं। अधिकांशतः प्रहसनात्मक शैली के एकांकी नाटक इस काल में लिखे गए।

(4) इस युग में उद्‌बोधनात्मक, राष्ट्र-प्रेम, समाज-सुधार को लक्ष्य करके एकांकी रचे गए।

वस्तुतः भारतेंदु युग एकांकी के पुनर्जीवन का काल है। यही कारण है कि इस काल के एकांकी संस्कृत और पारसी नाट्य-दृष्टि से मुक्त नहीं हो पाए हैं। अंक एवं दृश्य के संदर्भ में भी इस युग के एकांकीकारों की कोई निश्चित धारणा नहीं बन सकी। तथापि भारतेंदु युग का आदान एकांकी-धारा के पुनः गतिवान होने की दृष्टि से स्मरणीय है।

(ख) द्विवेदी युग

हिंदी साहित्य के विकासक्रम में द्विवेदी युग उपन्यास, निबंध, लेख, आलोचना, कहानी और काव्य-विधाओं की उन्नति का काल था। नवीन विचार देश में आ रहे थे तथा सांस्कृतिक पुनर्जागरण का कार्य तीव्रता के साथ चल रहा था। राजनीतिक चेतना की लहर देश में व्याप्त थी। सन् 1929 में जयशंकर प्रसाद के एकांकी 'एक घूँट' के प्रकाशन से हिंदी एकांकी की विकास-यात्रा का दूसरा सोपान आरंभ हुआ। इस युग में साहित्य की अन्य विधाओं की भाँति हिंदी एकांकी पर अंग्रेजी और बंगला साहित्य का प्रभूत प्रभाव पड़ा। नांदी-पाठ, प्रस्तावना, भरतवाक्य आदि परंपरागत रूढ़ियाँ टूट गईं। पद्य संगीत तथा भावुकता का बहिष्कार हो गया तथा कथा प्रवाह में तीव्रता आई। जार्ज बर्नार्ड शॉ, इब्सन आदि के प्रभावस्वरूप एकांकी को नवीन आयाम प्राप्त हुए। कवीन्द्र रवीन्द्र का एकांकी संग्रह 'मुक्तधारा' भी सामाजिक मूल्यों की नवीन व्याख्या हेतु प्रेरणास्पद बना। पं. राधेश्याम कथावाचक, मंगला प्रसाद, तुलसीदास शैदा, बदरीनाथ भट्ट, जी. पी. श्रीवास्तव, सुदर्शन, पाण्डेय बेचन शर्मा उग्र प्रभृति ने इस युग में एकांकी-धारा को प्रवहमान रखा।

(ग) आधुनिक काल

सन् 1930 के बाद हिंदी एकांकी स्वतंत्र विधा के रूप में विकसित हुई। डॉ. रामकुमार वर्मा के एकांकी 'बादल की मृत्यु' से एकांकी में आधुनिक शिल्प संरचना का जन्म हुआ। इसके पश्चात् 'दस मिनट', 'पृथ्वीराज की

आँखें', 'रेशमी टाई' जैसे एकांकियों से डॉ. वर्मा ने हिंदी एकांकी को नई दिशा प्रदान की। गोविन्दवल्लभ पंत, चतुरसेन शास्त्री, वृन्दावनलाल वर्मा प्रभृति इस काल में भी भारतीय परंपरा से जुड़कर रचना-कर्म में लगे थे तो भुवनेश्वर, धर्मप्रकाश आनन्द तथा गणेश प्रसाद द्विवेदी ने फ्रायड, सार्त्र एवं इब्सन आदि के प्रभावस्वरूप पश्चिमी दर्शन और नाट्य दृष्टि से रंगी-पगी एकांकी-रचना की। इसके विपरीत डॉ. रामकुमार वर्मा, सेठ गोविन्ददास, उपेन्द्रनाथ अश्क, उदयशंकर भट्ट, लक्ष्मीनारायण मिश्र, भगवतीचरण वर्मा, विष्णु प्रभाकर प्रभृति एकांकीकारों ने पाश्चात्य टैक्नीक से प्रभावित किंतु भारतीयता से जुड़ी एकांकी-रचना की। स्पष्टतः इस युग में एकांकी परंपरा और आधुनिकता के सुखद समन्वय को आत्मसात कर गतिमान रहा।

(घ) समकालीन युग

समकालीन युग में एकांकी लोकप्रिय एवं महत्त्वपूर्ण साहित्य रचना विधा है। इस युग में एकांकी के रचना विधान में नए प्रयोग भी हुए। कुछ पुराने एकांकीकारों के साथ नए एकांकीकारों ने इस क्षेत्र में अभिनव प्रयोग कर हिंदी एकांकी को नई दिशा प्रदान की। द्वितीय विश्व युद्ध, स्वतंत्रता प्राप्ति एवं परवर्ती परिस्थितियों ने आज जन-जीवन को व्यापक रूप से प्रभावित किया। फलस्वरूप एकांकी-रचना भी अप्रभावित न रह सकी। वह लोकरंजन और लोकशिक्षा का सशक्त माध्यम बनी। आज सामाजिक, पौराणिक, ऐतिहासिक, नैतिक, देश-भक्तिपूर्ण, यथार्थवादी, हास्य-व्यंग्य प्रधान, सामयिक विषयों पर वैविध्यपूर्ण एकांकी नाटक रचे जा रहे हैं। रेडियो और टेलीविजन ने भी एकांकी को लोकप्रिय बना दिया है। समकालीन एकांकी की कुछ प्रवृत्तिगत विशेषताएँ इस प्रकार हैं–

(1) इस युग में हिंदी एकांकी दैनिक जीवन के निकट आया है, वर्तमान युग जीवन की विविध समस्याएँ टूटते संबंध, सामाजिक वैषम्य, आर्थिक विषमता एवं नर-नारी संबंधों के परिवर्तन आदि को इस काल के एकांकियों में जीवंत ढंग से प्रस्तुत किया गया है।

(2) सूक्ष्म मनोविश्लेषणात्मक यथार्थवाद का आग्रह इस काल के एकांकी में अधिक है। दमित वासनाओं की भी उन्मुक्त अभिव्यक्ति इस

काल के कुछ एकांकीकारों ने की है।

(3) सिनेमा और पाश्चात्य नाट्य-दृष्टि का प्रभूत प्रभाव समकालीन एकांकी नाटक के रंगमंचीय विधान पर दृष्टिगत होता है।

(4) भाषा, संवाद एवं पात्र योजना अत्यन्त स्वाभाविक हुई है। फलस्वरूप एकांकी सुपाठ्य, रंजक और रस की दृष्टि से विशेष समर्थ बने हैं।

(5) फैण्टेसी, गीति नाट्य, ध्वनि नाट्य एकांकी समकालीन एकांकी की नवीनतम शैलियाँ हैं।

समग्रतः कहा जा सकता है कि आज एकांकी में जहाँ विषय वैविध्य है, वहीं शिल्प का कलात्मक सौन्दर्य भी है। बौद्धिक जागरूकता, अंतःसंघर्ष की व्यंजना, हास्य-व्यंग्य का पुट, रंग-संकेत इत्यादि विशेषताओं का एकांकी-रचना में समाहार हो रहा है। वर्तमान में एकांकी-रचना की दृष्टि से कोई भी क्षेत्र अछूता नहीं रहा। समकालीन एकांकी को अपनी रचना-सामर्थ्य से नवीन आयाम प्रदान करने वाले एकांकीकारों में डॉ. रामकुमार वर्मा, उदयशंकर भट्ट, हरिकृष्ण प्रेमी, जगदीश चन्द्र माथुर, विष्णु प्रभाकर, उपेन्द्रनाथ अश्क, मोहन राकेश, प्रभाकर माचवे, डॉ. लक्ष्मीनारायण लाल, डॉ. धर्मवीर भारती, भारत भूषण अग्रवाल, गिरिजा कुमार माथुर, सत्येन्द्र शरत् प्रभृति के नाम उल्लेखनीय हैं। कई महिला एकांकीकार भी उभरकर आई हैं, यथा—सूर्य कुमारी, शची रानी गुर्टू, हीरादेवी, रतनकुमारी आदि। इनके अतिरिक्त सुरेश अवस्थी, सूरज प्रसाद खत्री, चिरंजीत, सुरेन्द्र वर्मा, विनोद रस्तोगी आदि भी एकांकी के सफल शिल्पी हैं।

निष्कर्षतः कहा जा सकता है कि हिंदी एकांकी अपनी दीर्घ विकासयात्रा के पश्चात् समस्त गुणात्मकता के साथ प्रगति के पथ पर अग्रसर है। उसमें सूक्ष्मता, गहनता और कलात्मकता का निरंतर समाहार हो रहा है। हम आश्वस्त हो सकते हैं कि हिंदी एकांकी-रचना का भविष्य उज्ज्वलता और प्रगतिशीलता की ओर उन्मुख है।

इस संग्रह में संकलित एकांकीकार और एकांकी

डॉ. रामकुमार वर्मा

बहुमुखी प्रतिभा के धनी डॉ. वर्मा का जन्म सागर, मध्यप्रदेश में सन् 1905 में हुआ। प्रारंभ से ही आप प्रतिभासंपन्न विद्यार्थी रहे। आप वर्षों तक प्रयाग विश्वविद्यालय में हिंदी प्राध्यापक तथा विभागाध्यापक रहे।

हिंदी एकांकी को नवीन और महत्त्वपूर्ण आयाम प्रदान करने वालों में डॉ. रामकुमार वर्मा का नाम उल्लेखनीय है। आधुनिक एकांकी नाटकों का सूत्रपात भी हिंदी साहित्य के इतिहासकार डॉ. वर्मा के 'बादल की मृत्यु' से स्वीकारते हैं। एकांकी जगत में भारतीय एवं पाश्चात्य रचना शैली का समन्वित प्रयोग करने का श्रेय भी डॉ. वर्मा को ही है। विषय और शैली की दृष्टि से एकांकी-रचना में डॉ. रामकुमार वर्मा ने मौलिकता और बहुमुखी प्रतिभा का परिचय दिया है। उन्होंने ऐतिहासिक, सामाजिक, राजनीतिक, साहित्यिक, वैज्ञानिक तथा व्यंग्य-विनोद से सम्बन्धित विविध प्रकार के एकांकियों की रचना सफलतापूर्वक की है। ऐतिहासिक एवं पौराणिक एकांकी-नाट्य लेखन में आपकी रचनात्मक सामर्थ्य अप्रतिम रही है।

डॉ. रामकुमार वर्मा के एकांकियों में राजरानी सीता, कौमुदी महोत्सव, स्वर्णश्री, शिवाजी, औरंगजेब की आखिरी रात, समुद्रगुप्त, प्रतिशोध, पृथ्वीराज की आँखें, एक तोला अफीम, फैल्ट हैट, पृथ्वी का स्वर्ग, छींक, कवि-पतंग आदि विशेषतः उल्लेखनीय हैं। इन एकांकियों का समय-समय पर मंचन भी किया जाता रहा है। चारुमित्रा, ऋतुराज, रेशमी टाई, ध्रुवतारा, सप्तकिरण, कामकन्दला, रम्यरास आदि डॉ. रामकुमार वर्मा की सृजनात्मक मेधा के परिचायक एकांकी संग्रह हैं।

डॉ. वर्मा राष्ट्रीय भावना के रचनाकार हैं। यही भावना उनकी छायावादोन्मुखता एवं सांस्कृतिक गौरव के रम्य चित्रण-वृत्ति का कारक बनी। डॉ. वर्मा की दृष्टि आदर्शोन्मुखी रही है। जीवन के प्रति आप दृढ़ आस्थावादी एवं सरल हैं। आधुनिक जीवन की विसंगतियों के साथ-साथ शाश्वत जीवन मूल्यों के प्रति आपका रचनात्मक रुझान रहा है।

'दीपदान'—समीक्ष्य एकांकी ऐतिहासिक इतिवृत्त को आधार बना

कर लिखा गया है। इस एकांकी में इतिहास प्रसिद्ध पन्ना धाय के त्यागमय चरित्र के माध्यम से डॉ. रामकुमार वर्मा ने उत्कृष्ट राष्ट्रप्रेम और बलिदान का आदर्श प्रस्तुत किया है। आज जब देश विकट अराजकतावादी एवं अलगाववादी शक्तियों के विरुद्ध संघर्षरत है, 'दीपदान' जैसे एकांकी सर्वथा प्रासंगिक एवं जीवंत महत्त्व की रचना हो जाते हैं। पन्ना धाय जैसे अमर चरित्र युग-प्रेरणा के संवाहक हैं। बनवीर की निर्दयता एवं क्रूरता से पन्ना धाय ने कुँवर उदय सिंह की रक्षा की थी। एतदर्थ उन्होंने अपने पुत्र की बलि भी दी थी, इस ऐतिहासिक-कारुणिक सत्य को एकांकीकार ने प्रभावशाली शैली में उभारा है। सरल, सुबोध भाषा एवं सुगठित शैली प्रयोग के कारण समीक्ष्य एकांकी मार्मिक बन पड़ा है।

उदय शंकर भट्ट

श्री उदय शंकर भट्ट का जन्म सन् 1918 में इटावा (उत्तर प्रदेश) में हुआ। पिता श्री मेहता शंकर भट्ट के साथ की गई विविध यात्राओं में विभिन्न विद्वानों के सान्निध्य एवं पारिवारिक संस्कृतमय वातावरण के कारण श्री भट्ट में सुसंस्कारों और साहित्य-प्रेम का आविर्भाव हुआ। काशी विश्वविद्यालय आपकी शिक्षा का केंद्र रहा। लाहौर में नेशनल एवं खालसा कालेजों में आपने अध्यापन कार्य किया। आकाशवाणी के परामर्शदाता तथा निर्देशक पद पर भी कुछ समय भट्ट जी ने कार्य किया। भट्ट जी न केवल एकांकीकार हैं, अपितु कवि, उपन्यासकार, नाटककार, साहित्य-चिंतक के रूप में भी आपने हिंदी-साहित्य की सेवा की है। 11 काव्य-संग्रह, 14 नाटक, 25 एकांकी-संग्रह, 6 उपन्यास और कुछ साहित्यिक निबंध आपकी रचनात्मक सामर्थ्य के परिचायक हैं।

अभिनव एकांकी, स्त्री-हृदय, पर्दे के पीछे, सात प्रहसन आदि उनके प्रसिद्ध एकांकी संग्रह हैं। उनके एकांकी हिंदी साहित्य की अमूल्य निधि हैं। उनके एकांकी पौराणिक एवं सामाजिक विषयों पर आधारित हैं। आपने जीवन की कटु वास्तविकताओं, अंतर्विरोधों को व्यंग्य के स्तर पर एकांकियों के माध्यम से प्रस्तुत किया है। यही कारण है कि भट्ट जी यथार्थवादी रचनाकार होने के साथ-साथ सच्चे मार्गनिर्देशक भी हैं। उनके एकांकियों

का रचना-शिल्प काव्यात्मक रोचकता एवं नाटकीय चेतना से पूर्ण है।

दस हजार—समीक्ष्य एकांकी सामाजिक-मनोवैज्ञानिक व्यंग्य कथा पर आधारित है। इसमें एक ओर धनिक वर्ग की अर्थ प्रधान मानसिकता का चित्रण हुआ है, जिसमें निजी संबंधों का महत्त्व नहीं है; तो दूसरी ओर कानूनी व्यवस्था के खोखलेपन और बढ़ती हुई अराजकता को भी तीखे स्वर में प्रस्तुत किया गया है। सरल भाषा और प्रभावोत्पादक शैली के प्रयोग ने कथ्य को सम्प्रेषणीयता प्रदान की है। रंग-निर्देश और संकलन-त्रय के सम्यक् निर्वाह ने एकांकी को सफल बनाया है। समीक्ष्य एकांकी में संक्षिप्तता और एकाग्रता के आग्रह के साथ-साथ नाटकीय संवेदना भी दिखाई देती है।

भुवनेश्वर प्रसाद

हिंदी एकांकी को युगबोध और समकालीनता का स्वर देने और उसे जीवनगत सामाजिक यथार्थ से जोड़नेवाले एकांकीकारों में भुवनेश्वर का नाम प्रमुख है। भुवनेश्वर जी का जन्म सन् 1910 में तथा मृत्यु 1955 में हुई। लखनऊ और इलाहाबाद आपके विवादास्पद जीवन का क्षेत्र रहा। जीवन के अंतिम दिनों में आपका मानसिक संतुलन समाप्त हो गया और वही अंततः मृत्यु का कारण भी बना। भ्रमणशील प्रवृत्ति आपके व्यक्तित्व की विशेषता रही। भुवनेश्वर जी के एकांकी लेखन पर बर्नार्ड शॉ और इब्सन का प्रभाव स्पष्टतः देखा जा सकता है। मनोविश्लेषणात्मकता का पुट उनमें फ्रायड के प्रभावस्वरूप आया है।

'कारवां' उनका प्रथम एकांकी संग्रह था जिसे एकांकी जगत् में नए प्रयोग के रूप में स्वीकार किया गया। उनके एकांकी-नाटकों में जीवन में व्याप्त निराशा, हताशा और उदासी के चित्र मिलते हैं। जीवन के यथार्थ धरातल से एकांकियों की कथावस्तु का चयन किए जाने तथा बुनियादी ढंग से उनका विश्लेषण किए जाने के कारण भुवनेश्वर जी के एकांकियों में अनोखी मार्मिकता आ गई है। स्त्री-पुरुष संबंधों की असहजता, सामाजिक नैतिकता के ह्रास, कुंठाओं और रुग्ण मानसिकता का उनके एकांकियों में सफल चित्रण किया गया है। 'स्ट्राइक' उनका दूसरा महत्त्वपूर्ण एकांकी

संग्रह है। नाटकीयता के आकस्मिक विस्फोट के कारण उनके एकांकियों का शिल्प वस्तुतः आज के बुद्धिवादियों के जीवन की प्रतिकृति है।

ऊसर–ऊसर मध्यवर्गीय परिवार और उसके भीतर की चेतना को प्रस्तुत करने वाला सशक्त एकांकी है। गांधीवाद और समाजवाद जहाँ केवल फैशन रूप में विचार-चर्चा का केंद्र रह गया है। एकांकी का आरंभ ही जीवन चेष्टा के नकलीपन को उजागर करता है। एकांकी में पात्रों की संदर्भहीन बातें, खोखली गंभीरता प्रदर्शित की गई हैं। यही है–'ऊसर', बंजर जहाँ विचार की धरती पर कुछ भी विशेष नहीं है, भीतर केवल खोखलेपन, प्रसंगहीनता और दिखावा है। प्रकारांतर से यह एकांकी मध्यवर्गीय चेतना पर सफल व्यंग्य है। मनोविश्लेषणात्मक शैली का निर्वाह एकांकी के सफल चरित्र-चित्रण का उपादान बना है।

लक्ष्मीनारायण मिश्र

भारतीय संस्कृति के आख्याता लक्ष्मीनारायण मिश्र का जन्म पौष शुक्ला प्रतिपदा सन् 1903 को आजमगढ़ जिले के बस्ती ग्राम में हुआ। ब्राह्मणोचित पाण्डित्य, ओजस्विता एवं आस्थावादी संस्कारशीलता आपको विरासत में मिली। मिश्र जी की शिक्षा-दीक्षा क्रमशः ग्राम पाठशाला, इलाहाबाद और काशी में हुई। राष्ट्र-प्रेम आपके व्यक्तित्व में रचा-बसा था। सन् 1942 के आन्दोलन में इन्हें जेल-यात्रा करनी पड़ी। मिश्र जी का समस्त जीवन साहित्य-सेवा में व्यतीत हुआ तथापि कुछ समय आकाशवाणी, प्रयाग में आपने कार्य किया। सन् 1958 में 'कामायनी' सम्मेलन में आपको सम्मानित भी किया गया।

मिश्र जी भारतीय संस्कृति के निष्ठावान उपासक रहे हैं। आपके समस्त रचना कार्य पर इसकी छाप देखी जा सकती है। मिश्र जी के दो काव्य, आठ एकांकी संग्रह और कई बड़े नाटक प्रकाशित हो चुके हैं। नाटककार के रूप में हिंदी साहित्य में मिश्र जी एक सम्माननीय व्यक्तित्व हैं। 'अशोक' उनका पहला नाटक है। समस्यामूलक नाट्य लेखन का सूत्रपात मिश्र जी ने ही किया। उन्होंने अपने नाट्य लेखन में भारतीय जीवन और समाज की समस्याओं और उनकी मनोवैज्ञानिक स्थिति पर गंभीरता से

विचार किया है। उनका नाट्य-कर्म बौद्धिकता समन्वित वैज्ञानिक दृष्टि और भारतीय सांस्कृतिक परम्परा की दो विरोधी प्रतीति कराने वाली विचारधाराओं का अद्भुत संगम है। ऐतिहासिक, सांस्कृतिक, पौराणिक, सामाजिक सभी प्रकार के एकांकी नाटकों की रचना आपने की है किंतु सभी का केंद्र नारी चेतना से जुड़ी समस्याएँ, वेश्या सुधार, रिश्वत और राजनीतिक प्रश्न रहे हैं। शिल्प की दृष्टि से भी मिश्र जी के एकांकी सशक्त हैं। भाषा सरल एवं सुष्ठु है तो शैली प्रवाहात्मक, संवाद मनोविश्लेषणात्मक हैं। उनका कवि व्यक्तित्व भी एकांकियों की भाषा-शैली में प्रभावी दृष्टिगत होता है।

बल-हीन–'बल-हीन' एक सामाजिक एकांकी है जिसमें एक ओर साहित्य (वर्तमान का) के खोखलाते मूल्यों और संवेदनहीन स्थितियों पर व्यंग्य है तो दूसरी ओर दाम्पत्य-सम्बन्धों की टूटन का अहसास कराया गया है। नारी-चेतना और नारी-स्वातन्त्र्य से जुड़े प्रश्नों पर भी विचार किया गया है। एक साहित्यिक व्यक्ति के पारिवारिक जीवन से जुड़े संदर्भों को समीक्ष्य एकांकी में सफलता के साथ निरूपित किया गया है। बौद्धिकता, तर्क और सामाजिक संवेदना का मिश्र जी ने सुंदर समायोजन समीक्ष्य एकांकी में किया है। यह संकलन-त्रय की दृष्टि से सफल एवं तात्विक दृष्टि से सशक्त एकांकी है। भाषा सरल, सुबोध और विषयानुकूल है।

उपेन्द्रनाथ 'अश्क'

'अश्क' जी का जन्म 14 दिसम्बर, 1910 में पंजाब के जालंधर नगर में एक मध्यवर्गीय ब्राह्मण परिवार में हुआ। वहीं से बी.ए. तथा विधि-स्नातक की परीक्षा पास कर अध्यापन क्षेत्र में प्रविष्ट हुए। तत्पश्चात एक साप्ताहिक पत्र 'भूचाल' का संपादन किया। आपने आकाशवाणी और फिल्म जगत में अपनी प्रतिभा का परिचय दिया। प्रेमचंद की भाँति अश्क उर्दू से हिंदी में आए तथा अपनी सर्वतोमुखी प्रतिभा (कहानीकार, उपन्यासकार, नाटककार, एकांकीकार) के माध्यम से हिंदी की साहित्यिक विभूति बने।

'अश्क' जी प्रतिभाशाली नाट्यशिल्पी हैं। उनकी रचनाओं का कथात्मक आधार सामाजिक जीवन रहा है। उनकी सामाजिक दुर्बलताओं

को देखने की दृष्टि जितनी तेज है, उतनी ही उनकी लेखनी व्यंग्यात्मक चित्रण करने में सशक्त है। वातावरण की यथार्थ सृष्टि, अनुभूति की सच्चाई, मानसिक द्वंद्व के आरोह-अवरोह के सफल चित्रण के कारण उनके एकांकी अधिक जीवंत बन सके हैं। रंगमंच से जोड़कर देखने के कारण अश्क जी रंग-निर्देश और अभिनेयता के तत्त्व पर विशेष ध्यान देते हैं। अपनी रचनाधर्मिता पर पाश्चात्य साहित्य के ऋण को अश्क जी ईमानदारी से स्वीकारते हैं। निरूपित समस्या का स्पष्ट विवेचन, चरित्र का मनोवैज्ञानिक चित्रण, सामाजिक जीवन की बहुआयामी अभिव्यक्ति, प्रगतिशील दृष्टिकोण और सशक्त शिल्प विधान उनके एकांकी नाटकों की उल्लेखनीय विशेषताएँ हैं। पर्दा उठाओ-पर्दा गिराओ, चरवाहे, पक्का गाना, देवताओं की छाया में, तूफान से पहले, बतासिया, मस्केबाजी का स्वर्ग आदि उनके प्रमुख एकांकी संग्रह हैं।

जोंक–समीक्ष्य एकांकी प्रहसन शैली में रचित है। इसमें एक मेहमान की कथा है जो घर में आकर जोंक की भांति चिपककर जाने का नाम ही नहीं लेता। मेजबान उसे भगाने के विविध उपाय करते हैं, किंतु वे सब निष्फल हो जाते हैं। ये सारी स्थितियाँ एकांकी में हास्य तत्त्व को उभारती हैं। एकांकी में भाषा सर्वत्र परिमार्जित और विषयानुरूप है। अभिनेयता के सभी गुण भी समीक्ष्य एकांकी में द्रष्टव्य हैं।

हरिकृष्ण प्रेमी

हरिकृष्ण प्रेमी का जन्म (मुरार) जिला ग्वालियर में हुआ। अजमेर से प्रकाशित होने वाली पत्रिका 'त्याग-भूमि' से आपका साहित्यिक जीवन आरंभ हुआ। प्रेमी जी इस पत्रिका के संपादक मंडल में रहे। कवि और नाटककार के रूप में प्रेमी जी ने हिंदी साहित्य को अमूल्य योगदान किया। रक्षाबन्धन, बंधन, स्वप्न-भंग आदि आपके प्रमुख एकांकी नाटक हैं। आपने मुख्यतः सामाजिक और ऐतिहासिक विषयों पर एकांकी लिखे हैं। प्रेमी जी ने अपनी एकांकियों में जाति प्रथा, हिंदू-समाज, साहित्यिकों की दुर्दशा, मध्यवर्गीय आडम्बरों आदि को खुलकर प्रदर्शित किया है। राष्ट्र-प्रेम, राष्ट्र के प्रति उत्सर्ग और नैतिक आदर्शों का संदेश आपके एकांकियों के प्राणतत्त्व

हैं। भाषा-शिल्प सरल और प्रभावोत्पादक है। गीतों ने आपके एकांकियों में प्रमुख स्थान पाया है।

मेरी जन्मभूमि—समीक्ष्य एकांकी जन्मभूमि के महत्त्व को उजागर करने वाली सशक्त नाट्य कृति है। उत्कट देश-प्रेम और त्याग इस एकांकी की रचना का मुख्य उद्देश्य रहा है। वर्तमान परिस्थितियों में जब देश को देश के प्रति समर्पित व्यक्तियों की आवश्यकता है, प्रेमी जी का यह एकांकी जीवंत संदेश का संवाहक है। मिस होम्स, जो अंग्रेज अधिकारी की पुत्री और भारत में जन्मी है, जन्मभूमि के नाते देश पर बलिदान होने को आतुर हैं। वे एक अमर पात्र के रूप में चित्रित हुई हैं। एकांकी में पूर्ण रूप से समस्त शैल्पिक विशेषताओं के साथ-साथ अभिनेयता का गुण भी विद्यमान है।

विष्णु प्रभाकर

विष्णु जी का जन्म गाँव मीरनपुर जिला मुजफ्फरनगर, उत्तर प्रदेश में 29 जून, 1912 को हुआ। प्रारंभिक शिक्षा के बाद स्नातक-शिक्षा हिसार में हुई। कुछ दिनों आपने पंजाब के कृषि विभाग में कार्य किया। कालांतर में त्यागपत्र देकर स्वतंत्र लेखन कार्य करने लगे। मसीजीवी रचनाकार विष्णु जी ने कहानी, उपन्यास, नाटक, एकांकी, रेखाचित्र और रिपोर्ताज आदि विविध विधाओं में अपनी रचना-सामर्थ्य का परिचय दिया है। एकांकी के क्षेत्र में आपकी लेखनी अपेक्षाकृत अधिक रमी है। सामाजिक, राजनीतिक, मनोविश्लेषणात्मक, हास्य-व्यंग्यपरक, पौराणिक-ऐतिहासिक एवं प्रचारात्मक एकांकियों की रचना आपने की है। आपके प्रमुख एकांकियों में प्रतिशोध, इन्सान, ममता का विष, जज का फैसला, बीमार, सीमा रेखा, मूर्ख, प्रो. लाल, अशोक, शिवरात्रि, सर्वोदय आदि सम्मिलित हैं।

विष्णु प्रभाकर की रचना-दृष्टि मानवतावादी रही है। मध्यवर्गीय समाज में व्याप्त विविध रुचियों, विचारों, संस्कारों और परिवेश की चुनौतियों को आपके एकांकियों में सृजन के प्रेरणा-बिन्दु के रूप में स्वीकारा गया है। मानवात्मा के सौंदर्य का उद्घाटन आपकी कलात्मक विशेषता है। अभिनेयता आपके एकांकियों का विशिष्ट गुण है। रेडियोरूपक के क्षेत्र

में आपको विशेष प्रसिद्धि मिली है।

मैं भी मानव हूँ–'मैं भी मानव हूँ' एक ऐतिहासिक एकांकी है। यह विष्णु प्रभाकर के नाटक 'नवप्रभात' (पुरस्कृत नाटक) का अंश है। इसका रचनाकाल 1950 है। यह सम्राट अशोक की कलिंग विजय से संबंधित है। यह एकांकी युद्ध और हिंसा की व्यर्थता को उजागर करता है। आज शांति की गुहार जिस प्रबलता से की जा रही है उस दृष्टि से मानवता के कल्याण हेतु शांति, प्रेम, करुणा का स्थायी संदेश समीक्ष्य एकांकी की उल्लेखनीय विशेषता है। मानवता की दानवता पर विजय एकांकी का मूल प्रतिपाद्य है। भाषा देश-काल के अनुरूप संस्कृतनिष्ठ है। संवाद छोटे-छोटे तथा स्वाभाविक हैं।

डॉ. लक्ष्मीनारायण लाल

डॉ. लक्ष्मीनारायण लाल का जन्म 4 मार्च, 1927 को गाँव जलालपुर, जिला बस्ती, उत्तरप्रदेश में हुआ। आपने विद्यार्जन क्रमशः बस्ती जिला और प्रयाग विश्वविद्यालय में किया। सन् 1950 में एम.ए. हिंदी से उत्तीर्ण करने के बाद 1952 में पी-एच.डी. की उपाधि प्राप्त की। शैशवावस्था से ही लेखन कार्य में आपकी रुचि रही जो समयानुसार परिपक्व होती गई। स्वातन्त्र्योत्तरकालीन हिंदी नाट्य रचनाकारों में डॉ. लाल का विशिष्ट स्थान है। नाट्य-जगत से सतत जुड़ाव रखने वाले रचनाकारों में आपका नाम अग्रगण्य है। 'ताजमहल के आँसू' आपकी प्रथम नाट्य-रचना है। 'पर्वत के पीछे', 'नाटक बहुरूपी', 'नाटक बहुरंगी', 'दूसरा दरवाजा', 'खेल नहीं नाटक' आपके प्रमुख एकांकी संग्रह हैं।

डॉ. लक्ष्मीनारायण लाल की नाट्य-कृतियों का कथात्मक आधार समाज की जर्जरित आस्थाएँ, संकीर्ण विचार और रूढ़ियाँ हैं। दहेज-प्रथा, श्रमिकों की समस्या, जीवन की सामान्य सुविधाओं के असमान वितरण और मूल्य-ह्रास के अनेक चित्र आपके एकांकी साहित्य में विद्यमान हैं, जिनकी प्रेरणा तीव्र एवं प्रभविष्णु है। नारी की शक्ति के प्रति डॉ. लाल का दृष्टिकोण विश्वासपूर्ण है। चेखव और आस्कर वाइल्ड जैसे महान् रचनाकारों का प्रभाव स्पष्टतः डॉ. लाल की एकांकी-रचना पर देखा जा

सकता है।

बसंतु ऋतु का नाटक–समीक्ष्य एकांकी डॉ. लाल की नाट्य सृजन सामर्थ्य का जीवंत प्रमाण है। इसके कथा-चयन का आधार वर्तमान मध्यवर्गीय परिवारों की विडम्बनापूर्ण स्थितियाँ हैं। समीक्ष्य एकांकी में मध्यवर्गीय बुद्धिजीवी और तथाकथित शिक्षित वर्ग के आडम्बर से पूर्ण जीवन एवं खोखले व्यवहार पर तीखा प्रहार किया गया है। पीढ़ियों के अंतराल से वर्तमान समाज में संबंधों की टकराहट को उभारते हुए डॉ. लाल ने दहेज प्रथा, कन्या की बेचारगी, माता-पिता के परम्पराबद्ध संकीर्ण सोच को एकांकी में विचारोत्तेजक रूप में चित्रित किया है।

दीपदान

पात्र-परिचय

कुँवर उदयसिंह : चित्तौड़ के स्वर्गीय महाराणा साँगा का सबसे छोटा पुत्र। राज्य का उत्तराधिकारी। आयु 14 वर्ष।

चन्दन : धाय माँ पन्ना का पुत्र। आयु 13 वर्ष।

बनवीर : महाराणा साँगा के भाई पृथ्वीसिंह का दासी-पुत्र। आयु 32 वर्ष।

कीरत : जूठी पत्तल उठाने वाला बारी। आयु 40 वर्ष।

पन्ना : कुँवर उदयसिंह का संरक्षण करने वाली धाय। चन्दन की माँ। आयु 30 वर्ष।

सोना : रावल सरूपसिंह की अत्यंत रूपवती लड़की। कुँवर उदयसिंह के साथ खेलने वाली। आयु 16 वर्ष।

सामली : अंतःपुर की परिचारिका। आयु 28 वर्ष।

काल

सन् 1536 ई.

समय

रात्रि का दूसरा पहर

स्थान

कुँवर उदयसिंह का कक्ष, चित्तौड़

कक्ष में पूरी सजावट है। दरवाजों पर रेशमी परदे पड़े हैं। एक पार्श्व में उदयसिंह की शय्या है। सिरहाने पन्ना के बैठने का स्थान है।

(नेपथ्य में नारियों की सम्मिलित नृत्य-ध्वनि और गान जो धीरे-धीरे हल्का होता है।)

उदयसिंह : (दौड़ता हुआ आता है, पुकारता है) धाय माँ, धाय माँ !

पन्ना : (भीतर से आती हुई) क्या है कुँवर ! **(देखकर)** अरे, रात हो गई और तुमने अभी तक तलवार म्यान में नहीं रखी ?

उदयसिंह : धाय माँ, देखो न कितनी सुंदर-सुंदर लड़कियाँ नाच रही हैं। गीत गाती हुई तुलजा भवानी के सामने नाच रही हैं। चलो देखो न !

पन्ना : मैं नहीं देख सकूँगी लाल !

उदयसिंह : नहीं धाय माँ, थोड़ी देर के लिए चलो न !

पन्ना : नहीं कुँवर, मुझे नाच देखना अच्छा नहीं लगता।

उदयसिंह : क्यों अच्छा नहीं लगता ? मैं तो नाचने वाली लड़कियों को बड़ी देर तक देखता रहा। और वे भी मुझे बड़ी देर तक देखती रहीं, मैं कितना अच्छा हूँ।

पन्ना : बहुत अच्छे हो ! तुम तो चित्तौड़ के सूरज हो ! महाराणा साँगा जी के छोटे कुँवर। सूरज की तरह तुम्हारा उदय हुआ है। तभी तो तुम्हारा नाम कुँवर उदयसिंह रखा गया है।

उदयसिंह : (हँसकर) अच्छा यह बात है ! पर क्या रात में भी सूरज का उदय होता है ? मैं तो रात में भी हँसता-खेलता रहता हूँ।

पन्ना : दिन में तो चित्तौड़ के सूरज हो, कुँवर ! और रात में तुम राजवंश के दीपक हो ! महाराणा साँगा के कुलदीपक !

उदयसिंह : कुल-दीपक ! कहीं मुझे दान न कर देना, धाय माँ, वे नाचने वाली लड़कियाँ तुलजा भवानी की पूजा में दीपदान करके ही नाच रही हैं। वे दीपक छोटे से कुंड में कैसे नाचते हैं, **(मचले हुए स्वर में)** चलो न धाय माँ ! तुम उनका दीपदान देख लो। जिस तरह उनके दीपक नाचते हैं उसी तरह वे भी नाच रही हैं।

पन्ना : मैं इस समय कुछ नहीं देखूँगी, कुँवर !

उदयसिंह : (रूठकर) तो जाओ, मैं भी नहीं देखूँगा। मैं उदयसिंह भी नहीं बनूँगा, और कुल-दीपक भी नहीं। कुछ भी नहीं बनूँगा।

पन्ना : रूठ गए ! कुँवर, रूठने से राजवंश नहीं चलते। देखो, तुम्हारे कपड़ों पर धूल छा रही है। दिन भर तुम तलवार का खेल खेलते रहे, थक

गए होगे। जाओ, सो जाओ ! मैं तुम्हारी तलवार अलग रख दूँगी।

उदयसिंह : (रूठे स्वर में) मैं तलवार के साथ ही सो जाऊँगा।

पन्ना : अभी वह समय नहीं आया कुँवर। चित्तौड़ की रक्षा में तुम्हें तलवार के साथ ही सोना पड़ेगा।

उदयसिंह : (रूखे स्वर में) तुम्हें तलवार से डर लगता है ?

पन्ना : तलवार से डर ! चित्तौड़ में तलवार से कोई नहीं डरता, कुँवर ! जैसे लता में फूल खिलते हैं वैसे ही यहाँ वीरों के हाथों में तलवार खिलती है।

उदयसिंह : (उसी तरह से रूखे स्वर में) अब मेरा मन बहलाने लगीं। तुम नाच देखने नहीं चलतीं तो मैं अकेला ही चला जाऊँगा। मैं जाता हूँ। **(जाने को उद्यत होता है।)**

पन्ना : नहीं कुँवर ! तुम कभी रात में अकेले नहीं जाओगे। चारों तरफ जहरीले सर्प घूम रहे हैं। किसी समय भी तुम्हें डस सकते हैं।

उदयसिंह : सर्प ! कैसे सर्प ?

पन्ना : तुम नहीं समझोगे, कुँवर ! जाओ, सो जाओ। थक गए होगे। भोजन के लिए मैं जगा लूँगी।

उदयसिंह : नहीं माँ, आज न मैं भोजन करूँगा और न अपनी शय्या पर ही सोऊँगा। **(प्रस्थान के लिए उद्यत।)**

पन्ना : (रोकते हुए) सुनो, सुनो कुँवर !

(उदयसिंह का प्रस्थान)

पन्ना : चले गए ! कुँवर का रूठना भी मुझे अच्छा लगता है। मना लूँगी। नाच, गान, दीपदान, इसी से चित्तौड़ की रक्षा होगी ? चित्तौड़ में यह बहुत हो चुका, बहुत हो चुका। और अब तो बनवीर का राज्य है।

(नूपुर-नाद करते हुए एक किशोरी का प्रवेश)

सोना : धाय माँ को प्रणाम।

पन्ना : कौन ?

सोना : मैं हूँ सोना ! रावल सरूपसिंह की लड़की। कुँवर जी कहाँ हैं ?

पन्ना : वे थक गए हैं। सोना चाहते हैं।

सोना : सोना चाहते हैं ! तो मैं भी सोना हूँ।

(अट्टहास)

पन्ना : चुप रहो सोना ! कुँवर जी रूठकर चले गए हैं। तुम लोग कुँवर को नाच-गाने की ओर खींचना चाहती हो।

सोना : क्या तुलजा भवानी के सामने नाचना कोई बुरी बात है ? आज हम लोगों ने दीपदान किया और मन भर नाचा, यों **(नाचती है)** कुँवर जी भी तो बड़ी देर तक हमारा नाच देखते रहे। मैं भी उनको देखकर बहुत नाची। उनको हमारा नाच बहुत अच्छा लगा। बहुत अच्छा ! देखो, पैरों की यह ताल। **(नूपुर की झनकार)**

पन्ना : बस, बस सोना ? अगर तू रावल जी की लड़की न होती तो...

सोना : कटार भोंक देती ! कटार ! **(अट्टहास करती है)** धाय माँ, तुमने उदयसिंह के सामने तो अपने पुत्र चन्दन को भी भुला दिया।

पन्ना : रहने दे। जानती नहीं बनवीर का राज्य है !

सोना : ओहो, बनवीर ! उन्हें श्री महाराजा बनवीर कहो। हमारे लिए वे एक रेशम की झूल लाए थे। उसे सिर से ओढ़कर नाचने से ऐसा लगता था, जैसे मकड़ी के जाले के आर-पार चंद्रमा की किरणें थिरक रही हैं। हाँ...

पन्ना : बहुत नाचती हो। बनवीर की तुम पर बड़ी कृपा है।

सोना : द्रौपदी के चीर की तरह ! आज प्रातःकाल उन्होंने मुझे बुलाया और कहा...धाय माँ ! तुम बुरा तो नहीं मानोगी ?

पन्ना : मैं क्यों बुरा मानूँगी ?

सोना : उन्होंने कहा, महल में धाय माँ अरावली पहाड़ बनकर बैठ गई हैं। अरावली पहाड़ ! **(हँसती है)** तो तुम लोग बनास नदी बनकर बहो न ! खूब नाचो-गाओ। यों आज कोई उत्सव का दिन नहीं था, फिर भी उन्होंने कहा, मेरे बनवाए हुए मयूर-पक्ष कुण्ड में दीपदान करो, मालूम हो जैसे मेघ पानी हो गए हों और बिजलियाँ टुकड़े-टुकड़े हो गई हों !

पन्ना : बड़ी उमंग में हो आज !

सोना : दीपकों के साथ उमंग भी लौ देने लगी है, धाय माँ ! सारा जीवन ही एक दीपावली का त्यौहार बन गया है।

पन्ना : तो यही त्यौहार मना रही हो तुम ?

सोना : मैं ही क्या, सारे नगर निवासी यह त्यौहार मना रहे हैं। नहीं मना रही हो, तो तुम ! धाय माँ, तुम ! पहाड़ बनने से क्या होगा ? राजमहल पर बोझ बनकर रह जाओगी, बोझ ! और नदी बनो तो तुम्हारा बहता हुआ बोझ, पत्थर भी अपने सिर पर धारण करेंगे, आनन्द और मंगल तुम्हारे किनारे होंगे, जीवन का प्रवाह होगा, उमंगों की लहरें होंगी जो उठने में गीत गाएँगी, गिरने में नाच नाचेंगी।

पन्ना : बनवीर के अनुग्रह ने तुम्हें पागल बना दिया है, सोना !

सोना : धाय माँ ! पागल कौन नहीं ? महाराणा विक्रमादित्य अपने सात हजार पहलवानों के साथ पागल हैं ! मल्लक्रीड़ा ही तो उनका पागलपन है ! महाराजा बनवीर महाराणा विक्रमादित्य की आत्मीयता से पागल हैं। सारा नगर आज के त्यौहार में पागल है। तुम कुँवर उदयसिंह के स्नेह में पागल हो और मैं ? **(हँसकर)** मेरी कुछ न पूछो, धाय माँ, मैं तो इन सबके पागलपन में पागल हूँ ! तुम चाहे जो कहो ! हाँ, तो कुँवर उदयसिंह कहाँ हैं ?

पन्ना : कुँवर उदयसिंह को छोड़ो, सोना वे बहुत थक गए हैं। अब सो रहे होंगे। तुम जाओ, यहाँ कहीं तुम्हारा पागलपन कम न हो जाए।

सोना : मेरा पागलपन ? धाय माँ ! पागलपन कहीं कम होता है ? पहाड़ बढ़कर कभी छोटे हुए हैं ? नदियाँ आगे बढ़कर कभी लौटी हैं ? फूल खिलने के बाद कभी कली बने हैं ? सब आगे बढ़ते हैं। नहीं बढ़ती हो तो सिर्फ तुम। सदा एक-सी।

पन्ना : सोना ! मुझे किसी से ईर्ष्या नहीं है। मैं जैसी हूँ अच्छी हूँ। राजसेवा में जीवन जा रहा है—यही मेरे भाग्य की बात है।

सोना : भाग्य ! भाग्य तो सबके होता है, धाय माँ! ये नूपुर मेरे पैरों में पड़े हैं तो इनका भी भाग्य है। मेरे पैरों की गति में गीत गाते हैं, तो वह भी इनका भाग्य है ! मेरे आगमन का संदेश पहले ही पहुँचा देते हैं, तो वह भी इनका भाग्य है। और जब मेरे पैर रुक जाते हैं तो ये मौन हो जाते हैं, वह भी इनका भाग्य है। भाग्य तो सबके होता है धाय माँ ! तुम नगर के उत्सव में भाग नहीं ले रही हो, न-

लो। महाराजा बनवीर का साथ नहीं दे रही हो, न दो ! मैं कौन होती हूँ बीच में बोलने वाली !

पन्ना : तो क्या मेरे उत्सव में जाने और न जाने का सम्बन्ध बनवीर की इच्छा से है ?

सोना : कुँवर को ही भेज देतीं।

पन्ना : कैसे भेज देती ? इतने आदमियों के बीच उसे कैसे भेज देती ? महाराणा साँगा के वंश के एक वही तो उजाले हैं। महाराणा रतनसिंह तीन ही वर्ष राज करके सूर्यलोक चले गए। विक्रमादित्य भी बनवीर की कूटनीति से अधिक दिनों तक...

सोना : धाय माँ ! तुम विद्रोह की बातें करती हो ?

पन्ना : आँधी में आग की लपटें तेज ही होती हैं, सोना ! तुम भी उसी आँधी में लड़खड़ा कर गिरोगी। तुम्हारे ये सारे नूपुर बिखर जाएँगे। न जाने किस हवा का झोंका तुम्हारे इन गीत की लहरों को निगल जाएगा। चित्तौड़ राग-रंग की भूमि नहीं है, जौहर की भूमि है। यहाँ आग की लपटें नाचती हैं, सोना जैसी रावल की लड़कियाँ नहीं।

सोना : (क्रोध से चीखकर) धाय माँ !

पन्ना : तोड़ो ये नूपुर ! यहाँ का त्यौहार आत्म-बलिदान है। यहाँ का गीत मातृभूमि की वंदना का गीत है। उसे सुनो और समझो।

सोना : (शान्त स्वर में) समझ लिया धाय माँ।

पन्ना : तो यहाँ से जाओ।

(सोना का धीरे-धीरे प्रस्थान उसके नूपुर धीरे-धीरे बजते हुए दूर तक सुन पड़ते हैं।)

पन्ना : अँधेरी रात ! वह राग-रंग ! ! नगर के सब लोगों का जमाव ! ! कुँवर उदयसिंह के लिए बुलावा ! ! यह सब क्या है ?

(चन्दन का प्रवेश)

चन्दन : (दूर से पुकारते हुए) माँ ! माँ !

पन्ना : क्या, मेरे लाल ?

चन्दन : कुँवर कहाँ है, माँ !

पन्ना : रूठकर सो गए हैं।

चन्दन : उन्होंने भोजन कर लिया ?

पन्ना : नहीं, तुम भोजन कर लो। मैं थोड़ी देर के बाद उन्हें उठाकर बहलाकर भोजन करा दूँगी।

चन्दन : मुझे अकेले भोजन करना अच्छा न लगेगा, माँ।

पन्ना : भोजन कर लो मेरे चन्दन ! मेरे लाल ! सज्जा ने तुम्हारे लिए अच्छा भोजन बनाया है। तुम्हें अच्छी-अच्छी बातें सुनाती हुई भोजन करा देगी। मैं भी अभी आती हूँ। तुम्हारी माला टूट गई थी उसी को ठीक कर रही हूँ ! बस, थोड़े दाने और रह गए हैं।

चन्दन : माँ, कल कुँवर की माला भी ठीक कर देना। वह भी टूट रही है। सोना ने उसे पकड़कर खींच दिया था।

पन्ना : अच्छा चन्दन ! वह भी ठीक कर दूँगी।

(चंदन का प्रवेश)

(एकाएक घर की कुछ चीजों के गिरने की धमक। शीघ्रता से सामली का प्रवेश)

सामली : (चीखकर पुकारती हुई) धाय माँ, धाय माँ !

पन्ना : कौन, कौन सामली ?

सामली : (बिलखते हुए) धाय माँ, धाय माँ, कुँवर कहाँ हैं ? कुँवर जी कहाँ हैं ?

पन्ना : क्यों कुँवर जी को क्या हुआ ?

सामली : उनका जीवन संकट में है।

पन्ना : कहाँ ! कैसे ! यह तुम क्या कह रही हो ?

सामली : उनका जीवन बचाओ, धाय माँ !

पन्ना : (चीखकर) सामली ! कहाँ हैं कुँवर जी ?

(अंदर की तरफ भागती है)

सामली : (बिलखते हुए) हाय ! सर्वनाश हो रहा है। क्या मेवाड़ को ऐसे ही दिन देखने थे ? हाय ! क्या हो रहा है ! तुलजा भवानी ! तुम चित्तौड़ की देवी हो। कैसे कहूँ कि तुम्हारे त्रिशूल में अब शक्ति नहीं रही। मेवाड़ का भाग्य...

पन्ना : (फिर प्रवेश कर) सो रहा है। मेरा कुँवर सो रहा है। कहीं तो कुछ नहीं हुआ। कुँवर जी रूठ गए थे, वे तलवार लिए भूमि पर ही सो गए। तलवार उनके हाथों से खिसक गई पर वे तो शांति से सो रहे

हैं। मेरे कुँवर को कुछ नहीं हुआ।

सामली : कुँवर अच्छे हैं। तुलजा भवानी कुशल करें ! पर धाय माँ ! महाराणा विक्रमादित्य जी की हत्या हो गई !

पन्ना : **(चीखकर)** महाराणा की हत्या हो गई ? किसने की ?

सामली : बनवीर ने। महाराणा सो रहे थे। उसने अवसर पाकर उनकी छाती में तलवार भोंक दी।

पन्ना : **(चीखकर)** हाय ! महाराणा विक्रमादित्य जी ! **(सिसकने लगती है।)**

सामली : बनवीर ने नगर भर में आज नाच-गाने का त्यौहार मनवाया जिससे नगर-निवासियों का ध्यान नाच-रंग में ही रहे। मौका देखकर वह राजमहल गया। अंतःपुर में वह आता-जाता था। किसी ने रोका नहीं। उसने महाराणा के कमरे में जाकर उनकी हत्या कर दी।

(सिसकियाँ लेने लगती है।)

पन्ना : **(स्थिर होकर)** आज कुसमय रास-रंग की बात सुनकर मेरे मन में शंका हुई थी। इसलिए मैंने कुँवर को वहाँ जाने से रोक दिया था। सम्भव था कि कुँवर वहाँ जाते और बनवीर अपने सहायकों से कोई कांड रच देता।

सामली : इसीलिए मैं दौड़ी आई हूँ, धाय माँ ! लोगों ने बनवीर को [illegible]ते सुना है कि वह कुँवर उदयसिंह को भी सिंहासन का अधिकारी समझकर जीवित नहीं रहने देगा। वह निष्कंटक राज करेगा, धाय माँ।

पन्ना : विलासी और अत्याचारी राजा कभी निष्कंटक राज्य नहीं कर सकता।

सामली : लेकिन रक्त से भीगी तलवार लेकर वह सीना ताने हुए अपने महल में गया है।

पन्ना : लोगों ने उसे पकड़ा नहीं ? सैनिक चुपचाप देखते ही रहे ?

सामली : सैनिकों को उसने अपनी तरफ मिला लिया है। लोग उससे डरते हैं। महाराणा विक्रमादित्य का राज्य भी तो ऐसा नहीं था कि लोग उनसे प्रेम रखते। उनके पहलवानों की सहायता से राज्य नहीं चल सकता। सभी सामंत महाराणा से असंतुष्ट थे।

पन्ना : अब क्या होगा ?

सामली : थोड़ी देर बाद ही वह कुँवर जी को मारने आएगा। आज की

रात बहुत अँधेरी है। आज की रात में ही वह अपने को पूरा महाराणा बना लेना चाहता है। किसी तरह से ही कुँवर जी की रक्षा होनी चाहिए, धाय माँ।

पन्ना : कुँवर जी की रक्षा...(**सोचते हुए**) कुँवर जी की रक्षा। अवश्य होगी ...अवश्य होगी। अब मेवाड़ का उत्तराधिकारी एक यही तो राजपूत-रक्त है, दासी-पुत्र बनवीर को चित्तौड़ सहन नहीं कर सकता।

सामली : यह तो आगे की बात है पर तुम कुँवर जी की रक्षा किस तरह करोगी ?

पन्ना : मैं ? इस अँधेरी रात में ही उसे लेकर कुंभलगढ़ भाग जाऊँगी।

सामली : और चन्दन कहाँ रहेगा ?

पन्ना : यहाँ भगवती तुलजा उसे रखेंगी। मेरे महाराणा का नमक मेरे रक्त से भी महान है। नमक से रक्त बनता है, रक्त से नमक नहीं।

सामली : धन्य हो, धाय माँ ! पर तुम नहीं भाग सकोगी। तुम महलों से निकल भी नहीं सकोगी। आते समय मैंने देखा था कि बनवीर के सैनिक तुम्हारा महल घेरने को आ रहे थे। एक ओर से तो तुम्हारा महल घिर ही चुका था।

पन्ना : हा ! भगवान् एकलिंग ! अब क्या होगा ?

सामली : जैसे भी हो कुँवर जी की रक्षा तुम्हें करनी ही है।

पन्ना : मुझे सैनिकों की सहायता नहीं मिल सकती ?

सामली : सैनिक तो उसके हैं, धाय माँ।

पन्ना : और सामंत ?

सामली : उनमें इतना साहस नहीं है।

पन्ना : (**जोर से**) दरवाजे पर कौन है ?

(कीरत बारी का प्रवेश)

कीरत : अन्नदाता ! कीरत बारी हौं। धाय माँ के चरन लागों।

पन्ना : कीरत ! तुम हो ? बाहर तो कोई नहीं है ?

कीरत : अन्नदाता ! बाहर सिपाहियों का डेरा लग रहा है। जान नहीं पड़ता अन्नदाता कि आधी रात को जे का हो रहा है। बड़ में किसी का भी पैसारा नहीं हो पाता। मैं तो बारी हौं इससे कोई कुछ बोला नहीं।

पन्ना : तो तुम बेखटके चले आए ?

कीरत : अन्नदाता ! मैं तो जूठी पत्तल उठाता हूँ, कोई माल-मत्ता तो मेरे पास नहीं। टोकरी है और उसमें पत्ते हैं। कुँवर जू ने ब्यालू कर ली धाय माँ ? मैं जूठन उठा लूँ ?

पन्ना : नहीं।

कीरत : कुँवर जू जुग-जुग जिएँ धाय माँ ? जब से कुँवर जू बूँदी से आए हैं तब से सगर महल में उजियारा फैल गया है। राणा विक्रमाजीत जब हर भजन करेंगे तो धाय माँ, अपना चौंर छत्तर कुँवर जू को ही सौंपेंगे। सच जानो धाय माँ ? मैं तो उनके लिए अपनी जान तक हाजिर कर सकता हूँ। **(ठहरकर)** धाय माँ कुछ सोच रही हैं ?

पन्ना : **(चौंककर)** एँ ! हाँ मैं सोच रही हूँ। **(सामली से)** तुम बाहर जाकर देखो, सिपाही कहाँ-कहाँ खड़े हैं और कितने सिपाही हैं ?

सामली : बहुत अच्छा धाय माँ ! जाती हूँ।

(प्रस्थान)

पन्ना : तो कीरत ! तुम कुँवर जी को बहुत प्यार करते हो ?

कीरत : अन्नदाता ! प्यार करने में जुबान पर कैसे आए ? वो तो दिल की बात है। मौके पै ही देखा जाता है। और कहने को तो मैं कह चुका हूँ कि उनके लिए अपनी जान तक हाजिर कर सकता हूँ।

पन्ना : तो यह मौका आ गया है, कीरत !

कीरत : मौका ! कैसा मौका ?

पन्ना : कुँवर जी को बचाने का।

कीरत : कौन के सिर पै भैरू बाबा की आँख चढ़ी है जो कुँवर जी का बाल बाँका कर सके ? और कीरत के रहते ? धाय माँ, हँसी तो नहीं कर रही हैं ? अन्नदाता !

पन्ना : नहीं कीरत, हँसी का समय नहीं है। कुँवर जी के प्राण संकट में हैं।

कीरत : हुकुम दें, अन्नदाता !

पन्ना : अच्छा तो सुनो। तुम बारी हो तुम्हें बाहर जाने से कोई नहीं रोकेगा। तुम तो टोकरी में जूठी पत्तल उठा के जाते ही हो।

कीरत : ठीक कहती हैं, अन्नदाता ! आते वक्त भी किसी ने नहीं रोका।

पन्ना : तो तुम कुँवर जी को टोकरी में लिटाकर उन पर गीली पत्तलें डालकर महल से बाहर निकल जाओ।

कीरत : वाह ! अन्नदाता ने खूब सोचा ! खूब सोचा ! मैं ऐसा निकल जाऊँगा कि सिपाही लोग मुँह ताकते ही रह जाएँगे। तो कुँवर जी कहाँ हैं ?

पन्ना : सो रहे हैं। आज भूमि पर सो गए। उन्हें धीरे से उठाकर अपनी टोकरी में सुला लेना। वे जागने न पाएँ।

कीरत : बहुत अच्छा। अन्नदाता ! कुँवर जी कहाँ हैं ?

पन्ना : मेरे कमरे में नीचे सो गए हैं। तुम्हारी टोकरी तो काफी बड़ी है ?

कीरत : अन्नदाता, आपके जस ने ही तो मेरी टोकरी बड़ी कर दी है। सारे राजमहल की पत्तलें छोटी टोकरी में कैसे आ सकती हैं। और अन्नदाता ! आज तो बनवीर के साथ बहुत सामन्तों ने खाया है। मैंने भी सोचा आज बड़ी टोकरी ले चलूँ, सो वो ही लाया हूँ।

पन्ना : और हाँ, कुँवर जी को लेकर तुम बेरिस नदी के किनारे मिलना, वहाँ जहाँ श्मशान है।

कीरत : ठीक है अन्नदाता ! वहीं मिलूँगा। वहाँ मुझ पै किसी भी आदमी की नजर न पड़ेगी।

पन्ना : तो जाओ कीरत ! आज तुम जैसे एक छोटे आदमी ने चित्तौड़ के मुकुट को सँभाला है। एक तिनके ने राजसिंहासन को सहारा दिया है। तुम धन्य हो !

कीरत : अन्नदाता ! धन्य तो आप हैं कि मुझको आपने ऐसी सेवा करने का काम सौंपा है। तो मैं चलूँ ?

(सामली का प्रवेश)

सामली : धाय माँ ! महल चारों तरफ से सिपाहियों से घिर गया। उत्तर की तरफ ही सात सिपाही हैं। बाकी तीनों तरफ बीस-बीस सिपाही पहरा दे रहे हैं। शायद उत्तर की तरफ के सिपाही बनवीर को लेने गए हैं।

पन्ना : कोई चिन्ता की बात नहीं, सामली ! तुम यहीं ठहरना, मैं अभी

आती हूँ। **(कीरत से)** चलो कीरत !

(दोनों का प्रस्थान)

(पन्ना का प्रवेश)

पन्ना : अब ठीक है। कुँवर जी की रक्षा हो गई।

सामली : पर एक बात है, धाय माँ !

पन्ना : क्या ?

सामली : बनवीर यहाँ जरूर आएँगे। वे तुम्हारे महल में कुँवर जी की खोज करेंगे। जब वे कुँवर जी को न पाएँगे और तुमसे पूछेंगे तो तुम क्या उत्तर दोगी ?

पन्ना : कह दूँगी कि मैं नहीं जानती।

सामली : इससे वे नहीं मानेंगे। क्रोध में आकर अगर उन्होंने तुम्हारे ऊपर तलवार चला दी तो कुँवर जी तुम्हारे बिना कैसे जिएँगे ?

पन्ना : मुझे इसकी चिन्ता नहीं है, सामली !

सामली : पर चिंता तो कुँवर जी की है। तुम्हारे बिना वे भी तो जीवित नहीं रहेंगे। फिर तुम्हारा बलिदान चित्तौड़ के किस काम आएगा ?

पन्ना : सचमुच कुँवर जी मेरे बिना नहीं जिएँगे। थोड़ी-सी बात पर तो रूठ जाते हैं। मुझे न पाकर उनका क्या हाल होगा ?

सामली : किसी तरह बनवीर को धोखा नहीं दे सकतीं ?

पन्ना : दे सकती हूँ।

सामली : किस तरह ?

पन्ना : कुँवर जी की शय्या पर किसी और को सुला दूँगी। वह क्रोध में अंधा रहेगा। पहचान भी नहीं सकेगा कि कौन सोया है।

सामली : कुँवर जी की शय्या पर किसे सुला दोगी ?

पन्ना : किसे सुला दूँगी ? **(सोचकर)** सामली मेरे हृदय पर वज्र गिर रहा है। मेरी आँखों में प्रलय का बादल घुमड़ रहा है। मेरे शरीर के एक-एक रोम पर बिजली तड़प रही है।

सामली : धाय माँ ! सँभल जाओ। ऐसी बात न कहो। कुँवर जी की शय्या पर...

पन्ना : सुला दूँगी। उसी को सुला दूँगी जो मेरी आँखों का तारा है...चन्दन

...चन्दन को सुला दूँगी सामली। **(सिसकियाँ)** चन्दन को सुला दूँगी। उस नन्हे लाल को हत्यारे की तलवार के नीचे रख दूँगी !

सामली : धाय माँ ! ऐसा मत कहो। ऐसा मैं नहीं सुन सकूँगी।

(प्रस्थान)

पन्ना : चली गई। कहती है, ऐसा मैं नहीं सुन सकूँगी। जो मुझे करना है, वह सामली सुन भी न सकेगी ! भवानी ! तुमने मेरे हृदय को कैसा कर दिया। मुझे बल दो कि मैं राजवंश की रक्षा में अपना रक्त दे सकूँ। अपने लाल को दे सकूँ। यह राजपूतनी का व्रत है। यही राजपूतनी की मर्यादा है। यही राजपूतनी का धर्म है। मेरा हृदय वज्र बना दो। माता के हृदय के स्थान पर पत्थर बना दो जिससे ममता का स्रोत बंद हो जाए। भवानी ! मैं चित्तौड़ की सच्ची नारी बनूँ। **(नेपथ्य में चन्दन का स्वर)** माँ !...माँ...माँ !

(चन्दन का प्रवेश)

चन्दन : माँ ! देखो, मेरे पैर में चोट लग गई। यह रक्त निकल रहा है !

पन्ना : कहाँ रक्त निकल रहा है ? लाओ देखूँ मेरे लाल। ओह ! अँगूठे में यह चोट कैसे लगी ? रक्त निकल रहा है ! कितना रक्त निकल रहा है ? लाओ। इसे बाँध दूँ। **(अपनी साड़ी से कपड़े का टुकड़ा फाड़ती है)** पैर सीधा करो ! हाँ ठीक...इसे बाँध देती हूँ। **(बाँधते हुए)** यह चोट कैसे लगी, लाल ?

चन्दन : मैं जैसे ही भोजन करके उठा माँ, सज्जा ने कहा कि महल के चारों तरफ सिपाही इकट्ठे हो रहे हैं। मैं देखने के लिए ऊपर के झरोखे से चढ़ गया। अँधेरे में कुछ दिखाई नहीं दिया। जैसे ही मैं नीचे कूदा एक टूटा हुआ शीशा अँधेरे में चुभ गया। कोई बात नहीं है, माँ ! रक्त तो निकला ही करता है। पर ये सिपाही महल के चारों तरफ इकट्ठे क्यों हो रहे हैं ?

पन्ना : आज नाच-रंग का दिन है न ! वही सब देखने आए होंगे। या फिर सोना ने उन्हें बुलाया होगा। वह नीचे नाच रही होगी।

चन्दन : माँ, सोना अच्छी लड़की नहीं है। मैं कल उससे कहूँगा माँ, कि कुँवर जी को अपना नाच न दिखाया करे। उनका मन आखेट करने

में नहीं लगता।

पन्ना : मैं उसे समझा दूँगी, चन्दन !

चन्दन : कुँवर जी कहाँ हैं, माँ ! आज भोजन में भी साथ नहीं चले।

पन्ना : कहीं सो रहे होंगे।

चन्दन : तब से सो रहे हैं ? माँ, कुँवर जी को ज्यादा नींद क्यों आती है ? मैं देखूँ, कहाँ सो रहे हैं।

पन्ना : बुरा मानकर कहीं सो रहे होंगे।

चन्दन : सोना ने ही उन्हें बुरा मानना सिखला दिया, माँ, नहीं तो कुँवर जी पहले कभी बुरा नहीं मानते थे। खेल-खेल में भी बुरा नहीं मानते थे। साथ खेलते थे, साथ खाते थे। आज अकेले कुछ खाया भी नहीं गया, माँ।

पन्ना : तो चलो चन्दन ! मैं तुम्हें जी-भर खिला देती हूँ।

चन्दन : अब कुँवर जी के साथ कल खाऊँगा, माँ ! कल हम दोनों साथ बैठेंगे...तुम प्रेम से परोस-परोसकर खिलाना। कल खूब खाऊँगा, माँ ! कुँवर जी से भी ज्यादा। कहते हैं कि मैं चन्दन से ज्यादा खाता हूँ। अब क़ल से यह कहना भूल जाएँगे। **(हँसता है)** क्यों माँ ?

पन्ना : ठीक है, लाल !

चन्दन : माँ ! अच्छी तरह से क्यों नहीं बोलतीं ? और तुम्हारी आँखों... तुम्हारी आँखों में पानी कैसा ? माँ ! ऐं...तुम्हारी आँखों में...

पन्ना : कहाँ चन्दन ! पानी कहाँ ? और तुम्हारे अँगूठे से रक्त की धारा बहे, मेरी आँखों से एक बूँद पानी भी न निकले ?

चन्दन : ओह ! माँ, तुम तो बातें करने में बड़ी अच्छी हो। जब मैं बड़ा होकर बहुत-सी जागीरें जीतूँगा, माँ, तो मैं तुम्हारे लिए एक मन्दिर बनवाऊँगा। देवी के स्थान पर तुमको बिठाऊँगा और तुम्हारी पूजा करूँगा। तुम अपनी पूजा करने दोगी ?

पन्ना : तुझसे मुझे यही आशा है, चन्दन। अब बहुत बातें न करो चन्दन ! रात अधिक हो रही है, सो जाओ।

(कुछ आहट होती है)

चन्दन : माँ ! माँ, देखो उस दरवाजे से कौन झाँक रहा है ?

पन्ना : कीरत बारी होगा। तुम्हारा भोजन उठाने आया होगा। मैं देखती हूँ।

(उठकर देखती है)

चन्दन : कोई और हो तो मैं अपनी तलवार लाऊँ ?

पन्ना : **(लौटती हुई)** कोई नहीं है। महल में किसका डर है ? लाल ! तुम सो जाओ !

चन्दन : कहाँ सोऊँ ! सज्जा तो अभी रसोईघर में ही होगी। मेरी शय्या ठीक भी न की होगी।

पन्ना : तो...तो...तुम कुँवर जी की शय्या पर सो जाओ। शय्या ठीक होने पर तुम्हें उस पर लिटा दूँगी।

चन्दन : तुम बहुत अच्छी हो, माँ ! आज कुँवर जी की शय्या पर लेटकर देखूँ ? अब तो मैं भी राजकुमार हो गया। **(एकाएक स्मरण कर)** पर मेरी माला ! राजकुमार के गले में माला होती है न । तुमने मेरी माला गूँथ दी ?

पन्ना : नहीं गूँथ पाई, लाल ! सामली आ गई थी।

चन्दन : कल गूँथ देना। भूलना नहीं, माँ ! **(शय्या पर लेटता है)** आहा माँ ! कितनी नरम शय्या है। जी होता है सदा इसी पर सोता रहूँ।

पन्ना : **(चीखकर)** चन्दन !

चन्दन : क्या हुआ माँ !

पन्ना : कुछ नहीं...कुछ नहीं...। आज मेरा जी कुछ अच्छा नहीं है। कभी-कभी कलेजे में शूल-सी उठती है। तुम सो जाओ तो मैं भी सो जाऊँगी !

चन्दन : मैं किसी वैद्य के यहाँ जाऊँ माँ ?

पन्ना : नहीं, वैद्य के पास इसकी दवा नहीं है। यह आप-से-आप उठती है और आप-से-आप शान्त हो जाती है। तुम सो जाओ...मैं भी कुँवर जी को खिलाकर जल्दी सो जाऊँगी।

चन्दन : **(चौंककर)** माँ, एक काली छाया मेरे सिर के पास आई और उसने मुझे मारने को तलवार उठाई ? माँ, वह काली छाया...काली छाया।

पन्ना : मैं तो तुम्हारे पास बैठी हूँ, लाल ! यहाँ कौन-सी काली छाया

आएगी ?

चन्दन : कोई छाया नहीं आएगी माँ ! पर न जाने नींद क्यों नहीं आ रही है। तुम मुझे कोई गीत सुना दो तो सुनते-सुनते सो जाऊँ।

पन्ना : अच्छी बात है, मेरे लाल ! मैं गीत ही गाऊँगी। अपने लाल को सुला दूँ।

(करुण स्वर में गीत गुनगुनाती है)

उड़ जा रे पंखेरुआ, साँझ पड़ी।
चार पहर बाटड़ली जोही।
मेड़थां खड़ी ए खड़ी।
उड़ जा रे पंखेरुआ, साँझ पड़ी।
डबडब भरिया नैन दिरिधड़ा।
लग रई झड़ी ए झड़ी।
उड़ जा रे पंखेरुआ, साँझ पड़ी।
तेरी फिकर हूँ भई दिवानी !
मुसकल घड़ी ए घड़ी। उड़ जा रे पंखेरुआ...

(धीरे-धीरे गाना समाप्त होता है)

चन्दन : (फिर पुकारती है) चन्दन !

(चन्दन के न बोलने पर पन्ना अलग हटकर जोर से सिसकी लेती है)

पन्ना : मेरा लाल सो गया। मैंने अपने लाल को ऐसी निद्रा में सुला दिया कि अब यह न उठेगा। **(सिसकियाँ लेती है)** ओह पन्ना ! तूने अपने भोले बच्चे के साथ कपट किया है। तूने अंगारों की सेज पर अपने फूल-से लाल को सुला दिया है। तू सर्पिणी है ! सर्पिणी जो अपने ही बच्चे को खा डालती है। जान-बूझकर अपने पुत्र की हत्या कराने जा रही हो। हाय ! अभागिनी माँ ! संसार में तेरा भी जन्म होने को था ! **(सिसकियाँ लेती है। फिर चन्दन को सम्बोधित करते हुए)** लाल ! तुम्हारी माला मैं नहीं गूँथ सकी। तुम्हारा जीवन अधूरा होने जा रहा है तो माला कैसे पूरी होती ! **(सिसकियाँ)** आज तुम भूखे ही रह गए, मेरे लाल ! आज अंतिम दिन मैं तुम्हें अपने हाथों से भोजन भी न करा सकी। तुम क्या जानो कि कल तुम और कुँवर साथ-साथ कैसे

भोजन करोगे ! कहते थे कल तुम परोसकर खिलाना। मैं अब कैसे खिलाऊँगी, चन्दन ! **(सिसकियाँ)** तुम्हारे अँगूठे से रक्त की धार बही। अब हृदय से रक्त की धारा बहेगी तो मैं कैसे रोक सकूँगी ! मेरे लाल ! मेरे चंदन ! जाओ, यह रक्त-धारा अपनी मातृभूमि पर चढ़ा दो। आज मैंने भी दीपदान किया है। दीपदान ! अपने जीवन का दीप मैंने रक्त की धारा पर तैरा दिया है। ऐसा दीपदान भी किसी ने किया है। एक बार तुम्हारा मुख देख लूँ। कैसा सुन्दर और भोला मुख है ! **(सिसकियाँ लेती है।)**

(एकाएक भड़भड़ाहट की आवाज होती है। हाथ में तलवार लिए बनवीर आता है।)

बनवीर : **(मद्य पीने से उसके शब्द लड़खड़ा रहे हैं)** पन्ना !

पन्ना : महाराज बनवीर !

बनवीर : सारे राजपूताने में एक ही धाय माँ है पन्ना ! सबसे अच्छी ! मैं ऐसी धाय माँ को प्रणाम करने आया हूँ। **(रुककर)** ऐं, धाय माँ की आँखों में आँसू !

पन्ना : नहीं...आँसू नहीं हैं। आज मेरे कुँवर जी बिना भोजन किए ही सो गए।

बनवीर : आज के दिन भोजन नहीं किया ? अरे, आज तो उत्सव का दिन है। आनन्द का दिन है। **(अट्टहास करता है)** मेरे महल में तीन सौ सामंतों ने भोजन किया। आज कीरत बारी की टोकरी देखतीं। भोजन उठाते-उठाते वह जिंदगी भर के लिए थक गया होगा। **(हँसता है)** जिंदगी भर के लिए ! तो कहाँ हैं कुँवर उदयसिंह ? मैं उन्हें अपने हाथ से भोजन करा दूँ।

पन्ना : कुँवर सो गए हैं। वे किसी के हाथ से भोजन नहीं करते, मैं ही उन्हें खिला दूँगी।

बनवीर : धाय माँ हो न ! पन्ना, आज तुमने सोना का नाच नहीं देखा ! ओह ! कितना अच्छा नाचती है। मैंने उससे कह दिया था कि वह कुँवर उदयसिंह को और धाय माँ को अपना नाच दिखला दे।

पन्ना : वह आई थी। शायद तुम्हीं ने उसे भेजा था, पर कुँवर जी का जी अच्छा नहीं था, इसलिए मैंने उन्हें नहीं भेजा।

बनवीर : जी अच्छा नहीं था, और आज का दीपदान भी तुमने नहीं देखा ?

पन्ना : मेरे लिए दीपदान देखने की बात नहीं है, करने की बात है।

बनवीर : ठीक है, धाय माँ तो मंगल-कामनाओं की देवी हैं। वे दीपदान करके चित्तौड़ का कल्याण करेंगी। मैं भी चित्तौड़ का कल्याण करूँगा। एक बात और कहूँ, पन्ना ! मैं तुम्हें मारवाड़ में एक जागीर देना चाहता हूँ। वहाँ तुम्हारे लिए तुलजा भवानी का मंदिर बनेगा। मंदिर ! सारे लोग तुममें इतनी श्रद्धा से देखेंगे कि तुलजा भवानी और तुममें कोई अंतर भी न होगा। तुम्हीं देवी के उस मंदिर में रहोगी। लोग तुम्हारी पूजा करेंगे।

पन्ना : (**चीखकर**) बनवीर !

बनवीर : (**अट्टहास कर**) महाराज बनवीर नहीं कहा ! मेरे कहने भर से तुम देवी हो गईं ! महाराज बनवीर को बनवीर कहने लगीं ! (**हँसता है**) देवी को प्रणाम ! देखो, अब तुम्हें मोह-ममता से दूर रहना होगा। तुम कुँवर उदयसिंह को मुझे दे दोगी और मैं उसे यह तलवार दूँगा। (**तलवार खींच लेता है।**)

पन्ना : ऐं, यह तलवार ! इस पर रक्त क्यों लगा है ?

बनवीर : रक्त तो तलवार की शोभा है, पन्ना ! अनंत सुहाग से भरी है। यह तो उसके सिंदूर की रेखा है। बिना रक्त के तलवार कभी तलवार कहला सकती है।

पन्ना : यह तलवार म्यान में रख लो, महाराज !

बनवीर : क्या तुम्हें भय लगता है। चित्तौड़ में तलवार से किसी को भय नहीं लगता। धाय माँ होने पर तुम में इतनी ममता भर गई कि तलवार नहीं देख सकतीं ! पन्ना ? तलवारें आसानी से म्यान के भीतर नहीं जातीं।

पन्ना : आधी रात हो चुकी है, महाराज बनवीर ! विश्राम करो।

बनवीर : विश्राम मैं करूँ ? बनवीर ! जिसे राजलक्ष्मी को पाने के लिए दूर तक की यात्रा करनी है। मैं अपने साथ कुँवर उदयसिंह को भी ले जाना चाहता हूँ।

पन्ना : यह नहीं होगा, यह नहीं होगा, महाराज बनवीर !

बनवीर : जागीर नहीं चाहतीं !

पन्ना : नहीं।

बनवीर : तो उदयसिंह के बदले जो माँगो दिया जाएगा।

पन्ना : राजपूतनी व्यापार नहीं करती, महाराज ! वह या तो रणभूमि पर चढ़ती है या चिता पर।

बनवीर : दो में से किसी पर भी तुम नहीं चढ़ सकोगी। तुम्हारा महल सैनिकों से घिरा है।

पन्ना : सैनिकों को किसने आज्ञा दी ? महाराज विक्रमादित्य...।

बनवीर : **(बीच में ही)** वे अब इस संसार में नहीं हैं। पन्ना ! उन्होंने रक्त की नदी पार कर ली है। उसी रक्त की लहर मेरी तलवार पर है।

पन्ना : ओह बनवीर ! हत्यारा बनवीर !

बनवीर : महाराणा बनवीर को हत्यारा बनवीर नहीं कह सकतीं, पन्ना ! हत्यारा बनवीर कहने वाली जीभ काट ली जाएगी।

पन्ना : तो लो मेरी जीभ काट लो और यहाँ से चले जाओ। महाराणा विक्रमादित्य...।

बनवीर : बार-बार विक्रमादित्य का नाम क्यों लेती हो ? प्रेतों और पिशाचों को वह नाम लेने दो। यदि मेरा नाम लेना है तो जय-जयकार के साथ लो।

पन्ना : धिक्कार है, बनवीर ! तुम्हारी माँ ने तुम्हें जन्म देते ही क्यों न मार डाला।

बनवीर : चुप रह धाय ! कहाँ है उदयसिंह ?

पन्ना : तू उदयसिंह को छू भी नहीं सकता। नीच ! नारकी ! महाराणा विक्रमादित्य की हत्या के बाद उदयसिंह को देख भी नहीं सकता।

बनवीर : मैं नहीं देखूँगा, मेरी तलवार देखेगी। विक्रम के रक्त से सनी हुई तलवार अब उदयसिंह के रक्त से धोयी जाएगी।

पन्ना : ओह क्रूर बनवीर ! तुम तो उदयसिंह के संरक्षक थे। रक्षा के बदले क्या तुम उसकी हत्या करोगे ? नहीं-नहीं यह नहीं हो सकता, यह नहीं हो सकता, महाराज बनवीर तुम राज्य करो, चित्तौड़ पर, मेवाड़ पर, सारे राजपूताने पर राज्य करो, पर कुँवर उदयसिंह को छोड़ दो।

मैं उसे लेकर संन्यासिनी हो जाऊँगी। तीर्थ में वास करूँगी। तुम्हारा मुकुट तुम्हारे माथे पर रहे, पर मेरा कुँवर भी मेरी गोद में रहे। बनवीर ! महाराणा बनवीर मुझे यह भिक्षा दे दो।

बनवीर : दूर हट दासी ! यह नाटक बहुत देख चुका हूँ। उदयसिंह की हत्या ही मेरे राजसिंहासन की सीढ़ी है। जब तक वह जीवित है तब तक सिंहासन मेरा नहीं हो सकता। तू मेरे सामने से हट जा !

पन्ना : मैं नहीं हटूँगी ! अपने कुँवर की शय्या से दूर नहीं हटूँगी।

बनवीर : उदयसिंह को सुला दिया है, जिससे उसे मरने का कष्ट न हो। उसका मुख ढक दिया है। वाह री धाय माँ ! बालक के मरने में भी ममता का ध्यान रखती है। **(तीव्रता से)** शय्या से दूर हट, पन्ना ! मैं उसे चिर-निद्रा में सुला दूँ।

पन्ना : **(साहस से)** नहीं ऐसा नहीं होगा, क्रूर, नराधम, नारकी ! ले मेरी कटार का प्रसाद ले। **(आक्रमण करती है, उसकी चोट बनवीर की ढाल पर सुन पड़ती है।)**

बनवीर : **(क्रूर अट्टहास करता है)** ह ह ह ह ! दासी क्षत्राणी ! कर लिया कटार का वार ? यह कटार मेरे हाथ में है अब किससे वार करेगी। अब तुझे भी समाप्त कर दूँ ? लेकिन स्त्री पर हाथ नहीं उठाऊँगा।

पन्ना : अबोध सोते हुए बालक पर हाथ उठाते हुए तेरा हृदय तुझे नहीं धिक्कारता ? पापी !

बनवीर : **(शय्या के समीप जाकर)** यही है, यही है मेरे मार्ग का कंटक। आज मेरे नगर में स्त्रियों ने दीपदान किया है। मैं भी यमराज को इस दीपक का दान करूँगा। यमराज ! लो इस दीपक को। यह मेरा दीपदान।

(उदय के धोखे में चन्दन पर जोर से तलवार का प्रहार करता है। पन्ना जोर से चीखकर मूर्छित हो जाती है। कमरे में मन्द लौ से दीपक जलता रहता है।)

दस हजार

पात्र

बिसाखाराम : सीमा-प्रान्त का एक सेठ
सुन्दरलाल : बिसाखाराम का लड़का
राजी : बिसाखाराम की लड़की
राजी की माँ : सेठ की पत्नी
मुनीम :

एक ही दृश्य में–
समय : शाम के पाँच बजे।

(सीमा प्रान्त के एक नगर में एक मकान में एक बड़ा-सा कमरा जिसमें दो दरवाजे हैं। एक सीढ़ी के पास और दूसरा मकान के भीतरी भाग में जाता है। गली की तरफ दो खिड़कियाँ हैं। भीतरी कमरे में एक बड़ी खाट है, जिस पर मैला-सा बिस्तर बिछा है। पूर्व की तरफ कोने में एक चौकी है उसके सामने आले में ठाकुर जी का एक सिंहासन है। इसमें कुछ पीतल की मूर्तियाँ हैं। उन पर गेंदे के फूल की मालाएँ चढ़ी हैं। आले की कोल में रुद्राक्ष की माला है। हाथ की लिखी हुई छोटी-छोटी-सी किताबें हैं। कमरे में कुछ तस्वीरें हैं–एक रामचन्द्र, लक्ष्मण, भरत, शत्रुघ्न की जिसमें राम के राज्याभिषेक का दृश्य है, हनुमान माला तोड़ रहे हैं। दूसरी तस्वीर एक काली की है। कमरे में एक मोढ़ा रखा हुआ है और एक टूटी हुई कुर्सी, जिसका बेंत टूटा हुआ है। एक छोटी-सी मेज एक कोने में रखी है। उस पर एक लोटा और उसके ऊपर एक गिलास रखा है। दो खूँटियाँ गड़ी हुई हैं, उनमें एक पर एक पगड़ी और दूसरी पर एक दुपट्टा और एक मैला-सा कोट है। खाट पर लाला बिसाखाराम बेचैनी से लेटा हुआ है। उसकी आँखों में बेचैनी है। चेहरा पिचका हुआ, रंग गोरा, बाल बिखरे हुए। मालूम होता है बड़ी चिंता में है। हाथ में चिट्ठी है, जिसे बार-बार उठाकर पढ़ता

है और फिर सिरहाने रख देता है, फिर उठा लेता है, पढ़ता है, और फिर रख देता है। उठकर बैठ जाता है और छत की ओर ताकता है और धम्म से फिर खाट पर लेट जाता है।)

बिसाखाराम : हाय, क्या जाना था, यह दिन भी देखना पड़ेगा ! हे राम जी ! उबारो महाराज ! बड़ी विपदा आ पड़ी है। कोई उपाय सूझे नहीं है। **(आँख मींचकर ठाकुर जी के हाथ जोड़ने लगता है; फिर आँखें खोलकर पत्र हाथ में लेकर पढ़ने लगता है)** क्या करूँ ? राजी, राजी री !

(भीतर के दरवाजे से चौदह साल की एक लड़की दौड़ती हुई आती है।)

राजी : हाँ चाचाजी ! क्या कहो हो ?

बिसाखाराम : अरी, क्या अभी मुनीमजी नहीं आए ? मरा जाऊँ हूँ। बड़ी मुसीबत है।

राजी : भाई कब आवेंगे भला ? **(एकदम पास आकर)** बुलाओ न भाई को। कुछ रुपयों की ही तो बात है। हाय **(आँखों में आँसू भरकर)** हे भगवान, बड़े नामुराद हैं ये लोग। चाचाजी, भेज दो रुपया, क्या देखते हो।

बिसाखाराम : (बैठकर) क्या देखूँ हूँ बेटा ! अपनी किस्मत को रोऊँ हूँ। रुपया भी कहाँ धरा है ? अभी अनाज भी तो खरीदना है। कल मुहम्मद बक्स आने रुपये का सूद देकर दो हजार माँगने आया था, उसको भी तो देना ही है। दस हजार के सरकारी बौण्ड खरीदने हैं, ऐसा मौका कब मिलेगा। इतना सूद क्या छोड़ा जा सके है बेटी ? ओह ! दस हजार देने पड़ेंगे। **(एकदम खाट पर धड़ाम से लेट जाता है।)**

राजी : (दौड़कर) चाचाजी, क्या हुआ तुम्हें ? भाभी, ओ भाभी ! देख तो चाच्चा को क्या हुआ है ?

(राजी की माँ 'अरी आई' कहती हुई आती है।)

राजी की माँ : कह तो दिया, परेशान होने की क्या जरूरत है। दे दो दस हजार। रुपये तो फिर भी मिलते रहेंगे। लड़का तो फिर...हा भगवान् क्या कह रही हूँ ! हे रामजी ! **(हाथ जोड़कर आले में रखे सिंहासन की तरफ देखने लगती है)** यों ही करें हैं। दया करे भगवान् !

बिसाखाराम : मुनीमजी नहीं आये ? **(आँखें बंद कर लेता है।)**

राजी : आते ही होंगे। तुम्हारा कैसा जी है चाचा ?

राजी की माँ : कहूँ तो हूँ, फिर क्यों करो हो ? हे ईश्वर, मेरे लड़के को लौटा दो। मेरा सब कुछ ले लो। मेरे प्यारे बच्चे को मुझे दे दो भगवान् ! (रोने लगती हैं)

राजी : (माँ के गले से लिपटकर) रोवे क्यों है भाभी ? चाच्चा से कहके भाई को बुला ले न !

राजी की माँ : (आँसू पोंछती हुई) कैसे बुलाऊँ बेटी, तेरे चाचा को तो रुपये की पड़ी है। ईश्वर ने एक ही लड़का दिया ...हा भगवान् !

बिसाखाराम : (आँख खोलकर) राजी, मुनीम जी नहीं आए बेटी ?

राजी : अभी तो नहीं आए।

बिसाखाराम : न मालूम मुनीम ने खाँड़ का सौदा किया या नहीं ? इस वक्त तो खाँड़ खरीदनी जरूरी है। महँगी हो जाएगी। कैसी मुसीबत है। न जाने इबराहीम से रुपये का तकाजा किया या नहीं ? आज चार साल होने को आए, अभी तक सूद भी नहीं दिया। मुकद्दमा लड़ना पड़ेगा, तब कहीं जाकर वह बेईमान रुपया देगा। **(पत्र हाथ में लेकर)** पर इसको क्या करूँ ?

('राजी, राजी' नाम लेकर मुनीम आवाज लगाता हुआ एक ओर से आता है।)

बिसाखाराम : लो, मुनीम जी आ गए। **(एकदम उठकर बैठ जाता है।)** आओ मुनीम जी, आज बड़ी देर लगाई।

(राजी और उसकी माँ दूसरे दरवाजे से घर चली जाती हैं।)

मुनीम : जै राम जी की सेठ जी ! देर हो गई, दिन भर का हिसाब-किताब करना था। तेरह आने के हिसाब से खाँड़ के सौ बोरे खरीद लिए हैं। मुहम्मद बक्स का आदमी आया था। मैंने कह दिया, सेठ जी के आने पर फैसला होगा। सुना है, इबराहीम फरार हो गया है। रोकड़ मिलाते इतनी देर हो गई है। हाँ, पठानों की कोई चिट्ठी आई क्या ?

बिसाखाराम : खाँड़ तो बारह आने चार पाई थी न, फिर तेरह आने क्यों खरीदी ? इबराहीम भाग गया क्या ? यह तो बड़ी बुरी खबर है। मुनीम जी, चार हजार नगद हैं, कैसे छोड़े जा सके हैं ? चौधरी से नहीं कहलाया ? वह तो जामिन है न ? सरकारी बौण्ड की कोई चिट्ठी आई ?

रुपये तैयार रखने हैं, बौण्ड तो खरीदने ही होंगे।

मुनीम : पठानों की तरफ से कोई चिट्ठी आई सेठ जी ?

बिसाखाराम : रोकड़ में कितना बाकी है ? चौधरी के पास आदमी भेजो और तकाजा करो **(खाट पर लेटकर)** सब तरफ मुसीबत है। रुपया लेकर देने का कोई नाम नहीं ही लेता। **(आँखें बंद करके लेट जाता है)** हा भगवान् ! हे राम जी ! कैसा बुरा समय है **(उठकर)** मैं जाऊँ, अब तबीयत देखूँ या रुपया। **(बैठ जाता है।)**

मुनीम : नहीं सेठ जी, बीमार हो जाना ठीक नहीं है। पठानों ने कुछ नहीं लिखा सेठ जी ? सुन्दरलाल का खयाल करना ही चाहिए। न मालूम बिचारे को कैसी तकलीफ दे रहे होंगे। **(सेठ की ओर देखता है।)**

बिसाखाराम : लो यह पढ़ो, कैसा दुष्ट है लड़का ! जरा भी लड़ाई नहीं करी। डोली में नई बहू की तरह उनके साथ चला गया मेरी छाती पै मूँग दलने ! कहाँ से मैं लाऊँ दस हजार ? **(चिट्ठी मुनीम के हाथ में देकर)** लो पढ़ो, सब बरबाद कर दिया। भला बाहर गया ही क्यों ? **(लेट जाता है।)**

मुनीम : सेठ जी, सुन्दरलाल का कोई अपराध नहीं है। उमराहों को उसे आपने ही तो भेजा था।

(पत्र हाथ में लेकर पढ़ता है।)

बिसाखाराम : **(लेटकर)** बरबाद हो गया मैं तो मुनीम जी ! हाँ जरा जोर से पढ़ो।

मुनीम : **(चौंककर)** हैं ! यह तो सुन्दरलाल की ही लिखावट है ! लिखता है–पिताजी अगर मेरी जिन्दगी चाहते हो तो किसी भी आदमी के हाथ काबुली फाटक के बाहर आज ठीक शाम के आठ बजे दस हजार रुपया पहुँचा दो पुलिस को या और कोई सहायक लेकर आए तो खान कहता है, लड़के को मरा ही समझो। इन लोगों ने मुझे बड़ी तकलीफ दी है। शायद नरक की कोई भी यातना इससे अधिक नहीं हो सकती। मुझे विश्वास है, आप मेरी रक्षा करेंगे।

आपका पुत्र,
सुन्दर लाल

नीचे खान ने खुद पश्तो में लिखा है—

हम तुमको इत्तला देता है, तुम आज बुधवार की शाम के आठ बजे दस हजार रुपया काबुली फाटक के बाहर पहुँचा दे, नहीं तो तुम्हारा लड़का को मार डालेगा।

अमीर अली खाँ

(मुनीम पत्र रखकर बिसाखाराम की ओर देखने लगता है।)

मुनीम : सेठजी, दस हजार की क्या बात है, आज ही तो बुधवार है। अगर कहें तो मुहम्मद बक्स को न देकर दस हजार का इन्तजाम कर लूँ, रुपया तो है ही।

बिसाखाराम : (उठकर) आने रुपये का सूद है मुनीम जी ! **(डपटकर)** अपने घर से निकालो तो मालूम हो। गाढ़े पसीने की कमाई है। दस हजार यों ही नहीं आ जाए हैं। हे भगवान् ! कंगाल कर दिया।

(राजी और उसकी माँ एकदम कमरे में आ जाती हैं।)

राजी की माँ : यों ही जाएँगे, सुना तुमने मुनीम जी ? इनकी अक्ल पर पत्थर पड़ गए हैं। कुछ नहीं सोचते ? बस रुपया, रुपया, मेरा लड़का ला दो मुनीम जी; हाय मेरा सुन्दर ! हाय मेरा बच्चा रे !

(घूँघट किए जमीन पर बैठ जाती है। राजी दौड़कर पिता से लिपट जाती है और निहोने के ढंग से उसे देखने लगी है।)

बिसाखाराम : भला मुनीम जी मैं क्या कहूँ हूँ कि सुन्दर न आवे ? मैं तो खुद चाहूँ हूँ कि लड़का किसी तरह आ जावे। मैं क्या सुन्दर का बाप नहीं हूँ ? तुम्हीं बताओ। लड़के के बिना तो घर सूना-सूना लगे है। पर, दस हजार ?

मुनीम : (सिर हिलाकर) हाँ, सो तो है ही। यह तो करना ही पड़ेगा।

राजी की माँ : आज चार दिन से मैं इनका रूप देख रही हूँ। कहूँ हूँ रुपये के पीछे लड़के को हाथ से न खोओ, रुपया तो हाथ का मैल है। दस हजार की क्या बड़ी बात है। पर इन्हें तो न जाने क्या हो गया है। खाँड़ और सूद से इनका विचार छूटे तब न ! मुनीम जी, मैं तुम्हारे पैर पड़ूँ हूँ, मेरे सुन्दर को ला दो।

मुनीम : माताजी, घबराओ मत। सुन्दर को घर पर ही समझो।

राजी की माँ : घर पर कैसे समझूँ मुनीम जी, घबराऊँ क्यों नहीं ? इनकी (**पति की ओर इशारा करके**) हालत देखकर तो मेरे जी में ऐसा हो रहा है कि मैं लड़का खो दूँगी। कहते हैं, जो होना था सो हो गया। और लड़का...हाय ! न मालूम इनसे यह कैसे कहा गया ! हे भगवान् !

राजी : मुनीम जी, मेरे भाई को जल्दी बुला दो। देखो, कई रातों से माँ सोई नहीं है। सारी-सारी रात रोती रही है। आँखें सूज गई हैं। मेरे भाई को जल्दी ले आओ, मुनीम जी !

(**रोने लगती है।**)

राजी की माँ : मैं कहूँ हूँ, मेरा गहना लेकर बेच दो और मेरे लड़के को बचा लो।

मुनीम : घबराने की क्या बात है माता जी, सेठ जी को भी तो आपसे कम फिकर नहीं है।

बिसाखाराम : हाँ, सो तो है ही। मैं भी कब सोया हूँ रात में। दिन-रात चिन्ता लगी रहती है। सुन्दर मेरी आँखों के सामने झूमता रहे है। उसके बचपन की बातें याद आया करे हैं। इधर इबराहीम रुपया देने में ही नहीं आवे। क्या तुमने उसके सूद का हिसाब लगाया मुनीम जी, कितना बने है उसके ऊपर ? खाँड़ कहाँ रखवाई है, गोदाम में न ? देखो, तालियाँ अपने पास ही रखना। न हो तो मुझे दे जाओ।

मुनीम : सेठ जी, सुन्दरलाल के लिए क्या हुक्म है ? रुपये का इन्तजाम करूँ ? बहुत थोड़ा वक्त है। (**सेठ जी की ओर देखता है**) पन्द्रह हजार अभी तिजोरी में रखकर आया हूँ।

बिसाखाराम : दस हजार ! न कम न थोड़ा। अरे और कोई इंतजाम नहीं हो सके है मुनीम जी ? पुलिस को खबर क्यों न कर दो।

मुनीम : पुलिस भी क्या करेगी सेठ जी, पुलिस भी तो डरे है। और उसे क्या मालूम नहीं है, पर वह करे तब तो ! सेठ जी मैं तो आपको सलाह न दूँगा कि आप और इंतजाम करें। नहीं तो आप लड़के से हाथ धो बैठेंगे। न करे ईश्वर !

राजी की माँ : तुम किस संसै में पड़े हो मुनीम जी ? लो मेरा गहना ले जाओ। (**उतारकर सामने रख देती है**) लो, मेरे लड़के को ला दो।

चलो मैं भी तुम्हारे साथ चलूँगी।

बिसाखाराम : क्यों सब मेरे प्रान खाए जाओ हो ! गहना भी कौन घर का नहीं है ?

मुनीम : सेठ जी ! देर हो रही है हुक्म दो।

राजी की माँ : कह तो रही हूँ, यह ले जाओ। पठानों को दे देना।

बिसाखाराम : क्या करूँ मैं फिर, मुनीम जी ! अली बक्स अपने गहने छुड़ा ले गया क्या ?

मुनीम : देर हो रही है सेठ जी ! काबुली फाटक तक पहुँचना है, क्या हुक्म है ?

(बिसाखाराम दस हजार का ख्याल आते ही फिर बेसुध-सा होकर लेट जाता है।)

मुनीम : क्या आज्ञा है सेठ जी ? इसलिए जल्दी कर रहा हूँ कि दुकान से कुछ आदमी साथ ले लूँगा।

राजी की माँ : अरे बोल तो दो ! न बोलो ! मुनीमजी **(अकड़कर)** ले आओ रुपया। मैं क्या घर की, दुकान की कोई भी नहीं हूँ। जाओ देर न करो। हे भगवान् !

मुनीम : जो हुक्म। **(चला जाता है।)**

राजी : (माँ से) अब भाई आ जाएगा माँ ?

राजी की माँ : हाँ बेटी, लेने गए हैं मुनीमजी। भगवान् का नाम ले, राजी सुन्दर खुशी घर लौटे।

बिसाखाराम : (एकदम चेतन सा होकर) मुनीम जी गए ?

राजी : हाँ गए, चाचा जी !

बिसाखाराम : घर बरबाद कर डाला। क्या से क्या हो गया। लड़का कपूत निकला। हाय ! कैसे मैंने पैसा कमाया। दस हजार ! हाय राम रे ! **(फिर लेट जाता है)** अरी राजी की माँ, मैं मरा !

राजी की माँ : कहूँ हूँ कौन बड़ी रकम है। घर बच्चा आ जाए तो और हो जाएँगे रुपये। परमात्मा ने सब कुछ तो...हे भगवान दया करो। तुम इतनी चिंता क्यों करो हो ?

बिसाखाराम : चिंता न करूँ। **(बैठकर)** खून की कमाई है, खून की ! आज चालीस साल से लगातार दिन-रात एक करके रुपया कमाया है। **(लेट**

जाता है।)

राजी की माँ : कमाया है तो फायदा। न तीरथ, न जप-तप, न बर्त। कभी हरिद्वार भी न गए। मैं तो तुम्हारा पैसा जानती ही नहीं ? चार कोठियाँ हैं और हम इसी गली में पड़े सड़ रहे हैं। आज तीन-चार लाख रुपये के मालिक हो। एक पैसा भी कभी दान नहीं दिया। ऐसा रुपया किस काम का ?

बिसाखाराम : **(उठकर)** आग लगा दे घर में ! मुझे क्या ? मुनीम ने आज की बिक्री का हिसाब ही नहीं दिया। बेईमान हो गया है। हे रामजी, **(लेट जाता है)** दस हजार रुपया इस नालायक के...मुनीम कहाँ गया है राजी ?

राजी की माँ : और रुपया होता ही किसलिए है ? इसमें सुन्दर का क्या अपराध है भला ?

बिसाखाराम : मुनीम कहाँ गया ? शायद उगाही करने गया होगा। हे रामजी, दया करो ! **(लेट जाता है।)**

(सुन्दरलाल और मुनीम का प्रवेश। राजी की माँ सुन्दरलाल को देखकर फूट-फूटकर रोने लगती है। राजी भाई से लिपट जाती है। लड़का दौड़कर पहले बिसाखाराम, फिर अपनी माँ के पैर छूता है।)

बिसाखाराम : **(पुत्र को देखकर)** आ गया रे ! बड़ी खुशी हुई।

राजी की माँ : आज बेटे को देखकर छाती ठंडी हुई। **(उससे लिपट जाती है)** मेरी आँखों के तारे !

राजी : मेरे भैया ! **(उसके गले से लिपट जाती है।)**

राजी की माँ : कैसा दुबला हो गया इतने दिनों में !

सुन्दरलाल : हाँ माँ ! भगवान इन राक्षसों के पंजे में न डाले। देख, मार-मारकर तमाम देह सुजा दी है। **(देह दिखाकर)** हड्डी दुख रही हैं।

बिसाखाराम : बड़ा अच्छा हुआ बेटा ! कैसे आए ? क्या वैसे ही उन्होंने छोड़ दिया ? मुनीम जी, आज उगाही में क्या मिला ?

सुन्दरलाल : **(मुनीम जी की ओर देखकर)** दस हजार रुपये दिए थे न ?

मुनीम : **(घबराकर)** हाँ, सेठानी जी ने हुक्म दिया था।

बिसाखाराम : क्या पूरे दस हजार ?

(एकदम धड़ाम से तकिए पर गिर पड़ता है। सुन्दरलाल, मुनीम, राजी, विसाखाराम की ओर देखते हैं।)

राजी की माँ : (सुन्दरलाल को थपथपाती हुई) इन्हें नींद आ गई है बेटा, आओ चलें।

(पर्दा गिरता है।)

ऊसर

पात्र

लड़का
गृहस्वामी
युवक–एक ट्यूटर
मोटी रमणी
गृहस्वामिनी
छोटी लड़की
दो लड़कियाँ

(एक मध्यवर्ग के बंगले का ड्राइंग-रूम छोटा और नीचा पटा है। दीवारें सादी हैं, पर कुछ तस्वीरें आज ही टाँगी गई हैं, जो कीलें गाड़ने के ताजे निशानों से मालूम होता है। दो दरवाजों और तीन खिड़कियों पर परदे पड़े हैं। वे रोज पड़े रहते हैं, आज सिर्फ खिड़कियों के परदों के नीचे की फटी हुई कोरें तुरप दी गई हैं। भीतर के दरवाजे पर जाली का कटा हुआ परदा है, जिसके लगाने के निशान मैले और पुराने हैं। कार्निस पर बहुत-सी तस्वीरें और कुछ बड़े घोंघे और शंख रखे हैं। एक 'प्लास्टर आफ पेरिस' का गाँधी का बस्ट भी है। फरनीचर कमरे के लिए कुछ ज्यादा और अक्सर बेमेल है–गहरी नीली सुइट पर दो हरे कुशन हैं, एक बरेली वुड-वर्क्स का भी सुइट है जिस पर रेशम से एक बड़ी बत्तख कटी हुई, काली बैक्स पड़ी है, कुछ बेंत की कुर्सियाँ हैं जो नंगी हैं और भीतर के दरवाजे के सामने पड़ी हैं–ऐसी कि बिना उनको हटाए कोई भीतर से आ-जा नहीं सकता। बाहर का ताजा धुला हुआ बरामदा कमरे से दिखाई देता है, जहाँ पायदान पर एक भूरा पेकनीज दहलीज पर सिर रखे सो रहा है और किरमिच की कुर्सी पर एक युवक हाथों से जंगलों की भींचे टाँगें हिलाता हुआ पोर्च में खड़ी बड़ी नीली कार की तरफ बड़ी देर से–करीब-करीब जब से वह लाल

सुर्खी को दलती हुई और अपने बेलुन टायरों से छोटी-छोटी कंकड़ियाँ उड़ाती हुई आई है–देख रहा है। दिसम्बर की शाम कुछ-कुछ गाढ़ी हो चली है।

सहसा भीतर के दरवाजे से एक आठ बरस का लड़का त्यौहारी कपड़े पहने एक कुर्सी को धकेलता आता है। बरामदे में कुत्ता और युवक दोनों चौंक पड़ते हैं। कुत्ता एक बार समझदारी से गुर्राकर फिर सिर टिका देता है और युवक तनिक अपराधी-सा मोटर से नजर हटा लेता है। लड़का सीधा कुत्ते के पास जाता है। उसके एक पैर का मोजा सरक कर नीचे आ गया है, जिससे उसकी सफेद बेराठी पिंडली दिखाई दे रही है।)

लड़का : **(कुत्ते को जूते से सहलाते और उँगली चटाते हुए)** मेरा पिप्पा ! तुम्हें कोई नहीं पूछता, तुम यहाँ अकेले पड़े हो, मेरा बू-बी। **(वहीं बैठ जाता है, कुत्ता वैसे ही आँख बंद किए कान और दुम हिलाता है)** तुम मैले हो...देखो चुपके से जब सब सो जाएँ, तुम हमारे बिस्तर पर आ जाना, हम-तुम तो भाई-भाई हैं। हम-तुम ह-ह **(कुत्ते को उठाता है।)**

(भीतर वाले दरवाजे से कुर्सियों को धकेलते हुए अधेड़ आदमी का प्रवेश। उसके चारों ओर गृहस्वामी का हठ है। वह आते ही कुछ जोर से कहना चाहता है, पर उसका कर्रा इस्तिरी किया हुआ सूट, खर्चीली काट के बाल अनजाने उसे रोक देते हैं। लड़का कुत्ते को एकबारगी छोड़कर कमरे में आ जाता है, पर कुत्ता भी आकस्मिक साहस से बच्चे की टाँगों से चिपककर खेलने लगता है।)

गृहस्वामी : **(दियासलाई से दाँत कुरेदते हुए)** यह क्या बदतमीजी है ? भीतर मेहमान आए हैं, तुम कुत्ते के साथ शरारत कर रहे हो। **(कुर्सियाँ देखते हुए)** और ये सब कुर्सियाँ क्यों बरबाद कर दीं...

लड़का : **(चाट से)** कुर्सी ? कहाँ ? वह तो आपने हटाई है।

गृहस्वामी : **(खिड़की से बाहर थूककर)** और अंग्रेजी तो आप सब भूल गए, अब कभी मेहमान आएँ तो आप अपने ट्यूटर के साथ...**(थूकता है। लड़का बाहर की ओर देखता है और युवक, जो गृहस्वामी के आते ही उठकर खम्भे के सहारे खड़ा हो गया था, भीतर की तरफ धीरे-धीरे बढ़ता है।)**

गृहस्वामी : **(युवक से)** तुम कहाँ गए थे ? मैं कहता हूँ कि जब रात को तुम्हें पढ़ना हुआ करे तो शाम को साइकिलबाजी न किया कीजिए। **(थूकता है)** भाईजान, इसमें आप ही का फायदा है।

(युवक चुप है, जैसे वह चुप रहकर उसे हरा देगा।)

गृहस्वामी : और तुम भीतर आ सकते थे...(**सहसा**) और तुमने चाय कहाँ पी ?

युवक : जी नहीं।

(**गृहस्वामी जैसे इस जवाब से असन्तुष्ट हो उठा। उसने दियासलाई बाहर फेंक दी और ट्यूटर (युवक) की तरफ से फिरकर एक कुर्सी पर बैठ गया–फिर उठकर बत्ती जला दी। उसने सन्तोष से देखा और फिर बैठ गया–ट्यूटर अनजाने खिसककर लड़के के पास आना चाहता है, लड़का चुपचाप कुत्ते की तरफ बिना देखे टाँगों में खेल रहा है।**)

ट्यूटर : आज तो मिसेज सिबल अच्छी हैं ?

गृहस्वामी : (**जैसे उसने मिसेज सिबल का अपमान किया हो**) क्या अच्छी हैं ? जरा-सी पार्टी पर आप देखिए हफ्ते-भर स्ट्रेंड हार्ट से पड़ी रहेंगी। अब उन लोगों को घूम-घूमकर मकान और बाग दिखाया जा रहा है। फिर हम लोगों की...

ट्यूटर : मैं आज आपसे सुबह से कुछ कहना चाहता था, पर आप सुबह से बिजी थे और शायद कल आप दौरे पर चले जाएँगे...

(**गृहस्वामी एकटक उसकी तरफ देखता है, जैसे वह कोई बड़ा बेहूदा सवाल है।**)

ट्यूटर : मैं सोचता हूँ कि यह इंटेलेक्चुअल ऐक्सपेरीमेंट का जीवन जो मैं...(**कुत्ता चीख पड़ता है, शायद उसका पैर जूते में कुचल गया है। ट्यूटर एक छोटी घोड़ी के समान रुक जाता है ! गृहस्वामी उछल पड़ता है।**)

गृहस्वामी : देखो जी...(**लड़का कुत्ता बगल में दबाकर भीतर भाग जाता है।**)

गृहस्वामी : (**ट्यूटर के बोलने का इन्तजार करके**) मैं इस भीड़-भड़क्के से बहुत भड़कता हूँ और औरतों को तुम नहीं जानते। जब बाहर के आदमी होंगे तो बिल्कुल दूसरी ही हो जाएँगी और अपने पति से भी यही उम्मीद करेंगी। आपके टेबल पर फिंगर बोल मैंने सुनी भी न थी पर मेरी मेम साहब शायद यह दिखलाना चाहती थीं जैसे हम लोग हफ्ते में दस दिन फिंगर बोल बरतते हैं–हूँ ह...

(**ट्यूटर के हँसने का इंतजार करता है।**)

और अगर किसी ने कुर्सी पर गीला तौलिया टाँग दिया तो हर एक आदमी को यह निशान देखना पड़ेगा जैसे यह कोई क्यूबिज्मा का

डिजायन हो।

ट्यूटर : **(गम्भीरता से)** अब तो मिसेज सिबल अच्छी हैं पहले से।

गृहस्वामी : अच्छी क्या हैं ! **(रुककर)** उम्र का तकाजा है। अब देखो बाईस साल की मैरिड लाइफ में...**(रुक जाता है, जैसे ट्यूटर से यह बातें नहीं की जा सकतीं।)**

ट्यूटर : **(नीची नजर, हाथ से हाथ दबाये)** मैं आपसे कुछ कहना चाहता था...मुझे आपके यहाँ पूरे दो महीने हो गए...

गृहस्वामी : **(बाहर की आवाजों को सुनते हुए)** मैं सब समझ सकता हूँ। यह आपकी मेहरबानी है, पर मैं मजबूर हूँ। आमदनी का यह हाल है—उजला खर्च ! मैं कतई मजबूर हूँ। मदरासी मेम पचीस रुपये पर तैयार थी। मुझे कहना न चाहिए, मैंने सिर्फ आपकी इमदार की गरज से, समझे, यह इंतजाम किया था।

ट्यूटर : मुझे अफसोस है।

गृहस्वामी : **(कुछ समझ नहीं पाता)** तो तुम बाइसिकिल पर कहाँ-कहाँ गए थे ?

ट्यूटर : मैं बाइसिकिल पर कहीं नहीं गया, मैं गया ही नहीं **(एकबारगी रुक जाता है।)**

(सन्नाटा हो गया है। पर यह साफ है कि किसी का बोलना जरूरी है।)

गृहस्वामी : **(टाँग हिलाते हुए)** मेरा जिंदगी का एटीट्यूड बिलकुल मुख्तलिफ है। तुम अपने सोशलिज्म-ओशलिज्म के जोश में शायद यह समझ बैठे हो कि जिंदगी का गहरे-से-गहरा मतलब तुम्हारे लिए साफ हो गया, जैसे कोई बड़ा सरकस-घोड़ा तुम्हारे काबू में आ गया, पर जिंदगी अगर इस तरह लटकों और फारमूलों में बाँधी जा सकती तो आज तक कब की खत्म हो जाती। जी...साहब सोशलिस्ट हैं पर आज जो कुछ भी हम 'कुत्तों' के समाज से आप इंसानों को मिला है हम वापस ले लें...

(ट्यूटर, साफ है कि इन बातों को निरर्थक समझता है।)

हाँ, हमारे स्कूलों, यूनीवर्सिटियों की तालीम, हमारी लाइब्रेरियाँ, हमारे बाजार, हमारे...

(ट्यूटर उठकर बाहर खिड़की की तरफ झाँकता है। गृहस्वामी भी उठ खड़ा होता है।)

गृहस्वामी : क्या वे आ रहे हैं ?

(ट्यूटर चुपचाप बाहर झाँक रहा है।)

गृहस्वामी : यह कैसी पार्टी है ! **(टहलता हुआ)** आम लोग वाकई ...**(फिर बैठ जाता है)** मैं कहता हूँ कि आने वाली जेनरेशन, चाहे वह बिल्लियों की हो या सर्पों की, हमसे अच्छी होगी। हमसे...

ट्यूटर : **(मुस्कराता है)** वे शायद पीछे से पार्क में चले गए।

गृहस्वामी : **(चौंककर)** पार्क में ! और कुसुम की तबीयत स्ट्रेण्ड हार्ट कैफिया स्परीन...मैंने एक किताब पढ़ी थी, उसमें हमारी सभ्यता, तहजीब की तशबीह एक बड़ी दुकान से दी गई थी–ऊपर, ऊपर, ऊपर–चढ़े चले जाइए, पर नीचे जमीन की आँतें हमें हजम करने के लिए बेताब हैं। वाकई आने वाली जेनरेशन...पर मैं कहता कि कोई जेनरेशन आती नहीं ! यहीं जमीन की आँतें अब बजाय हजम करने के कै कर देती हैं...

(भीतर कुछ आवाजें सुनाई देती हैं। गृहस्वामी सहसा ट्यूटर की तरफ कड़ाई से देखता है। ट्यूटर इस नजर को बचाकर चुपचाप बाहर चला जाता है। भीतर के दरवाजे से एक मोटी अधेड़ रमणी भारी बनारसी साड़ी पहने, एक जरा दुबली रमणी महीन सफेद बेल लगी सफेद धोती पहने, दो युवतियाँ दोनों नीली साड़ियाँ पहने, एक युवक अचकन, चूड़ीदार पाजामे में आते हैं ! चेहरे से वे सभी थके हुए मालूम होते हैं, पर वे सब बराबर हँस रहे हैं, जैसे जवान लड़कियाँ आपस में हँसती हैं जब एक दूसरे का कोई साहसपूर्ण भेद जानती हैं।)

मोटी रमणी : **(पास की कुर्सी पर बैठ जाती है, गृहस्वामी उसके पास बैठ जाने के बाद बैठिए कहता है)** हम लोग पार्क में चले गए थे। **(हाँफकर)** आपका डिनोमाइट भी हमने देखा **(हँस पड़ते हैं।)**

गृहस्वामी : **(जबरन हँसी में शामिल)** कैसा डिनोमाइट ?

(युवक ने उन लड़कियों को बिठा दिया है। सफेद धोती वाली भी, जो गृहस्वामिनी है, बैठ जाती है। उसके बैठ जाने पर गृहस्वामी भी बैठ जाता है, सिर्फ युवक खड़ा रहता है।)

मोटी रमणी : आपका डिनोमाइट **(फिर हँसी होती है।)**

गृहस्वामी : **(गम्भीर होकर)** खैर, यह तो मजाक है, पर मैं यह मानता हूँ, मेरा यकीन है कि दुनिया के सब गोले-बारूद एक आदमी की मर्जी से चाहे वह हजारों मील दूर बैठा हो, फट सकते हैं।

(अब की वह खुद हँसी शुरू करता है।)

गृहस्वामिनी : यह योग-वोग बहुत जानते थे, अब सब बेचारे भूल गए।

(फिर हँसी होती है, पर पहले से कुछ धीमी)

युवक : पापा का यह ख्याल चाहे मजाक हो, पर हिटलर और मुसोलिनी के लिए हमें ऐसी ताकत पैदा करनी होगी।

गृहस्वामी : **(हँसकर)** हिटलर और मुसोलिनी ही क्यों ? और ऐसी ताकत मौजूद है, मगर हजरत आदमी की औलाद बहुत उछल-कूद मचाएगी तो यह ताकत काम में लाई जाएगी। बेचारा गाँधी क्या कहता है...

युवक : गाँधी तो सठिया गया है।

(लड़कियाँ आपस में धीमी हँसी हँसती हैं।)

मोटी रमणी : मैं तो कुछ जानती नहीं। लेकिन हाँ, अभी विक्टोरिया-सी कोई मलका हो जाए तब फिर ठीक हो जाए। दुनिया पर यह तबाही विक्टोरिया के मरने के बाद आई।

युवक : विक्टोरिया क्या करेगी ?

मोटी रमणी : तुम्हारा तो कहीं पता भी न था तब। विक्टोरिया के ही राज में तो सुख था।

गृहस्वामी : खैर, लड़ाई-भिड़ाई की बात तो छोड़िए। मैं आपको एक किस्सा सुनाता हूँ।

गृहस्वामिनी : क्या हम लोग यहीं बैठे रहेंगे ? कहीं घूम आएँ।

गृहस्वामी : खाना खाकर चलेंगे, सिनेमा या और कहीं...

युवक : **(लड़कियों के पास ही कुर्सी खिसकाकर बैठ जाता है। बड़ी लड़की उसकी तरफ देखकर लाज से सिमट जाती है)** हाँ तो, आपका वह किस्सा...

गृहस्वामी : वह कुछ नहीं, लखनऊ में जब हिंदू-मुसलमानों का झगड़ा हुआ तो हम लोग आगा तुराब के हाते के पास एक बँगले में रहते थे। हम वहाँ तीन हिंदू थे और तीन-चार ही घर मुसलमानों के थे। खैर, हम लोग सब मिलकर उन मुसलमानों के पास गये कि या तो वे लोग हाता छोड़कर मुसलमानों की बस्ती में चले जाएँ या हम लोग

हिंदुओं की। जब वहाँ गए तो मालूम हुआ कि वे लोग खुद हमसे डरे हुए हैं और लाठियाँ लिए अपने सामान और बच्चे-बीवी लिए जा रहे हैं। हाँ उसी तरह यूरोप में सब एक-दूसरे से...

गृहस्वामिनी : बेबी क्या घूमने गया है ?

युवक : (अवाक्-सा) तो हम लोग नौ बजे तक क्या करेंगे ?

(सब अपनी घड़ियाँ देखते हैं।)

छोटी लड़की : (धीरे से) अब साढ़े सात बजे हैं।

गृहस्वामिनी : रिकार्ड सुनाएगा ? पर कोई नया रिकार्ड तो हमारे पास है नहीं।

युवक : (होंठ दबाकर) कोई गाना गाइए।

(लड़कियाँ, खासकर बड़ी, शरमाती-सी हैं।)

गृहस्वामी : हाँ बेटियो, गाओ न !

मोटी रमणी : आप गाइए, इन बेचारियों को क्या आता है !

गृहस्वामी : ओहो, तो आप ही गाइए।

(सब हँस पड़ते हैं और एकबारगी सन्नाटा छा जाता है।)

मोटी रमणी : (युवक की तरफ देखकर) अब तुम कोई अपना विलायत का किस्सा सुनाओ।

युवक : (ऊबा-सा) विलायत का किस्सा...आप लोग सब ब्रिज खेलते हैं ?

मोटी रमणी : ये लड़कियाँ खेलती हैं, उनके दादा ने मुझे कितना सिखाया मुझे आया ही नहीं।

गृहस्वामी : ब्रिज क्या होगा ? आइए...

(गृहस्वामिनी एकबारगी उठकर भीतर जाना चाहती है।)

मो. र., गृह. : कहाँ ?

गृहस्वामिनी : (द्वार के पास रुककर) आप लोगों के लिए कॉफी-ऑफी ही मँगाऊँ।

मोटी रमणी : कॉफी क्या होगी—बैठिए, बात करें—अभी तो खाना खाना है।

(सब फिर हँस पड़ते हैं और घड़ियाँ देखते हैं। सन्नाटा हो जाता है।)

गृहस्वामिनी : (युवक से) राजाजी, तुम आज ट्यूटर से बात कर लेना।

मोटी रमणी : ट्यूटर कौन ?

गृहस्वामिनी : बेबी के लिए रखा है, बवाल-ए-जान हुआ जा रहा है।

गृहस्वामिनी : (मुस्कराते हुए) यह समझता है कि वह हम लोगों से बहुत ऊँचा है और जो नौकर-मालिक का सम्बन्ध हम में है, इस कदर इसको छोटा बना देता है कि वह हमारा मुकाबला भी नहीं करता। उनका पाक ख्याल है कि वह लोगों के साथ एक इंटेलेक्चुअल एक्सपेरीमेंट कर रहे हैं।

(कुछ समझदारी और कुछ नासमझी से लोग इस विचित्र आदमी पर खुश हो रहे हैं; केवल युवक गंभीर है।)

गृहस्वामी : उन्हीं का नहीं, आज सब जवान आदमियों का यह हाल है। वे किताबों के अधकचे असर से बगावत तो करना चाहते हैं, पर नहीं कर सकते; और मैं आपसे पूछता हूँ **(एकबारगी युवक की ओर देखकर नजर हटा लेता है)** यह बगावत किसके खिलाफ है ? आप नेचर से वैर कर सकते हैं ? नहीं कर सकते। आप छत से गिरेंगे तो दुनिया की कोई ताकत आपका सिर फटने से नहीं रोक सकती। **(एक बार धीमा पड़कर)** तुम उन्हें समझा देना...

गृहस्वामी : मुझे तो आपकी बात पसंद आई कि विक्टोरिया जैसी मलका कोई हो जाए तो अभी सब ठीक हो जाए, वही बातें फिर लौट आएँ।

मोटी रमणी : (गर्व से तनकर) लिखा है, 'यथा राजा तथा प्रथा'। राजा तो ईश्वर है।

गृहस्वामी : खैर, मैं तो यह नहीं मानता...

युवक : (ऊबा-सा) आइए कुछ खेलें...

गृहस्वामी : ताश से तो मुझे नफरत है, बिल्कुल छिछोरा खेल है।

गृहस्वामिनी : फिर क्या खेलें, तुम्हीं बताओ ?

मोटी रमणी : मैं एक खेल बताती हूँ, हम लोग खेला करते थे—इनके पापा, हम, बीबीजी वगैरह **(सब लोग उसकी तरफ गौर से देख रहे हैं)** एक आदमी, जैसे मैं, कुछ चीजों के नाम लूँ, जैसे कमरा...

छोटी लड़की : (चटक आवाज़ में) नहीं ऐसे नहीं, सब लोग एक-एक कागज और पेंसिल ले लें और कुछ लोग नहीं। एक आदमी बिना सोचे कई चीजों के नाम ले, जैसे—'कमरा' और सब लोग उस लफ्ज को सुनकर

एकदम जो उनके मन में आए अपने कागज पर लिख लें, फिर सबके कागज पढ़े जाएँ।

युवक : क्या खेल है ? **(अपने को सँभालकर)** यह तो अच्छी-खासी साइकोलोजिकल स्टडी है।

गृहस्वामिनी : **(उत्साह से)** मैं कागज लाती हूँ।

(भीत्तर जाती है और जरा देर में चिट्ठी लिखने का पैड, दो कलम और कुछ पेंसिलें लेकर आती है। लड़कियाँ इस बीच आपस में कुछ फुसफुसाती हैं। गृहस्वामी निर्विकार बैठा है, केवल युवक अनमना है।)

गृहस्वामिनी : लीजिए।

(युवक पैड लेकर सबको कागज दे देता है। दोनों लड़कियाँ कागज लेती हैं और फिर रख देती हैं। मोटी रमणी भी कागज ले लेती है पर फौरन कहती है–)

मोटी रमणी : मैं...मैं तो नाम लूँगी।

गृहस्वामिनी : **(कागज लेती हुई)** अरे कागज ! लाओ, बेटी।

(लड़कियाँ झेंपती हुई कागज उठा लेती हैं और दो पेंसिलें ले लेती हैं। युवक अपना फाउंटेन पेन निकालकर गृहस्वामिनी (अपनी माता) को दे देता है और खाली हाथ खड़ा है।)

मोटी रमणी : तुम भी कागज ले लो, राजाजी।

युवक : मैं तो नाम लूँगा।

मोटी रमणी : **(पेंसिल उठाते हुए)** अच्छा।

युवक : **(सबको तैयार देखकर)** अच्छा मैं क्या करूँ ? **(हँसता है)** अच्छा, 'कमरा' **(सब लिखते हैं।)**

युवक : अच्छा, 'बिजली'। **(फिर सब लिखते हैं।)**

युवक : अच्छा-अच्छा, 'पेरम्बुलेटर'। **(फिर सब लिखते हैं।)**

युवक : अच्छा सब क्या–अच्छा, 'सेक्स'।

मो. र. गृह. : सेक्स ! !

युवक : हाँ-हाँ।

गृहस्वामी : क्यों, सेक्स ?

युवक : यह भी लफ्ज है। आपने कहा था, बिना सोचे नाम लो।

(सब लिखते हैं।)

युवक : अच्छा, बस।

(सबसे पहले लड़कियाँ अपने कागज मेज पर रखती हैं, सबसे बाद में गृहस्वामिनी।)

मोटी रमणी : **(कागज उठाती हुई)** मैं पढ़ूँगी **(कागज उलटती-पलटती हुई)** सबसे पहले मिस्टर सिबल का पर्चा है।

(पर्चा उठाकर गौर से सुन रहे हैं।)

कमरा 'जिम्मेदारी' ठीक ! बिजली, क्या लिखा है, हाँ–दिमाग बिलकुल ठीक, दिमाग ने ही तो ऐसी चीजें निकाली हैं। पेरम्बुलेटर–'शादी', वाह-वाह, मिस्टर सिबल ! **(गृहस्वामी भद्दा-सा झेंपता है)** अच्छा सेक्स–'साइन्स', बहुत खूब ! अब किसका कागज है, मिसेज सिबल का ?

गृहस्वामिनी : मेरा सबसे बाद में पढ़िएगा।

मोटी रमणी : नहीं, बाद में क्यों ? सभी के तो पढ़े जाएँगे, तो सुनिए।

गृहस्वामिनी : मेरा बाद में पढ़िएगा।

गृहस्वामी : पढ़ने दो न कुसुम !

मोटी रमणी : अच्छा कमरा–'बाथरूम'।

गृहस्वामी : बाथरूम, बाथरूम क्यों ?

युवक : खैर, यह भी तो कमरा है।

गृहस्वामिनी : अच्छा।

मोटी रमणी : बिजली–'अँधेरा'।

गृहस्वामी : हैं ?

गृहस्वामिनी : बिजली फेल हो जाती है तो मोमबत्तियाँ नहीं ढूँढ़नी पड़ती हैं।

गृहस्वामी : कुसुम, यह क्या है ? बेबी क्या पेरम्बुलेटर पर चढ़ने के काबिल है ? मैं कहे देता हूँ, तुम लड़कों का सत्यानास मारे देती हो।

गृहस्वामिनी : मैंने तो बेबी लिखा था, अपना बेबी थोड़े ही ! तुम्हीं ने कहा था बिना सोचे।

मोटी रमणी : अच्छा सेक्स–'शाहनजफ रोड'।

गृहस्वामी : यह क्या है ? आखिर इसका क्या मतलब ?

गृहस्वामिनी : **(अपराधी-सा)** तुमने कहा बिना सोचे...

गृहस्वामी : तुम्हारा मतलब क्या था ?

गृहस्वामिनी : कुछ नहीं, मैंने वैसे ही लिख दिया।

गृहस्वामी : वैसे ही ? सेक्स–'शाहनजफ रोड'। वाह-वाह !

युवक : पापा, यह तो खेल है। अच्छा, अब अगला पढ़िए।

गृहस्वामी : नहीं, इसे साफ हो जाने दीजिए। सेक्स, 'शाहनजफ रोड'। वाह-वाह (**उठकर**) इसके माने क्या हैं ?

युवक : पापा, यह तो खेल है।

(मोटी रमणी सब कागज रख देती है। लड़कियाँ अपना कागज उठा लेती हैं–युवक व्यग्र-सा बैठ जाता है।)

युवक : मैं कहता था...

गृहस्वामी : कमरा–'बाथरूम', सेक्स–'शाहनजफ रोड'–क्या कहना है !

(सब लोग चुपचाप गम्भीर बैठे हैं, केवल युवक कुछ व्यग्र है। पाँच ही मिनट बाद जरा-सा परदा खिसकाकर भीतर से नौकर कहता है–मेज लाऊँगा हुजूर।)

गृहस्वामिनी : हाँ-हाँ (**तेजी से उठकर भीतर चली जाती है। भीतर से उसकी आवाज सुन पड़ती है, बेबी आ गया ? नहीं आया अभी ?)**

(मोटी रमणी और लड़कियाँ भी उठकर चली जाती हैं। युवक और गृहस्वामी रह जाते हैं। दो मिनट बाद गृहस्वामी भी उठकर भीतर चला जाता है। युवक व्यग्र, बरामदे की तरफ, पर बरामदे के पास ही ट्यूटर मिल जाता है और दोनों कमरे में लौट जाते हैं।)

ट्यूटर : (**अपराधी-सा**) मैं अपनी डिक्शनरी यहाँ भूल गया था।

युवक : आप क्या यहीं बैठे थे ?

ट्यूटर : जी हाँ।

युवक : यहीं बरामदे में ?

ट्यूटर : जी हाँ।

युवक : हूँ (**टहलता है। ट्यूटर हर जगह अपनी किताब खोजता है।)**

युवक : आज पापा से आपकी बातचीत हुई ?

ट्यूटर : जी हाँ।

युवक : क्या बातचीत हुई ?

ट्यूटर : कुछ नहीं, उन्होंने कहा कि आने वाली जेनरेशन चाहे बिल्लियों की हो या साँपों की, पर हमसे अच्छी होगी।

युवक : (**चौंककर और ट्यूटर के पास आकर**) किसने कहा ?

ट्यूटर : मिस्टर सिबल ने।

(युवक कुछ देर टहलता रहता है और फिर भीतर चला जाता है। स्टेज पर सिर्फ ट्यूटर रह जाता है और वह कुर्सी पर बैठकर एक अधजली सिगरेट निकालकर सुलगाता है।)

बल-हीन

पात्र

रजनी : सरला की पुत्री
सरला : रजनी की माँ
शिवनाथ : विश्वविद्यालय के एक प्राध्यापक
देवकुमार : रजनी के पति

(कमरे में दीवारों के किनारे अलमारियों में पुस्तकें, ऊपर दीवार पर कुछ नए चित्र। एक कोने में सरस्वती की मूर्ति। बीच में मेज के दोनों ओर कुर्सियाँ। एक पर अधेड़ आयु की महिला बैठी है। शिवनाथ आँखों पर चश्मा चढ़ाए अलमारी की पुस्तकें निकाल-निकाल कर पन्ने उलट रहे हैं। इस कमरे में दाएँ कमरे का द्वार खुलता है और तरुणी, पर खिन्न, रजनी प्रवेश करती है।)

रजनी : **(प्रवेश करके)** माँ, कब आईं तुम...मुझे पता ही नहीं था...मुझे पहले ही लिख दिया होता, तो...

(शिवनाथ की ओर उत्सुक होकर देखती है)

सरला : तो तुम बाजे-गाजे के साथ टेशन पर मुझे उतारने जातीं।

शिवनाथ : **(हँसकर)** ठीक कह रही हैं आप !...तब सारा मुहल्ला जान जाता कि रजनी देवी की माँ उनके घर पर आई हैं। काम कहीं कुछ न हो; बस डंके की चोट प्रचार होता रहे।

रजनी : माँ ! आपका परिचय...**(विस्मय की मुद्रा)**

सरला : ऐं ! आपको नहीं जानती तुम ! **(उसकी ओर एकटक देखकर)**

शिवनाथ : नहीं, आप नहीं जानतीं मुझे, देवकुमार जी जानते हैं। उनकी

बीमारी की बात आज सबेरे पत्र में पढ़ी। सोचा, देख लूँ क्या बीमारी है ?

सरला : आप पहले से यहाँ बैठे थे। उन पुस्तकों को उलट कर देख रहे थे जब मैं आई। इतने अचरज से क्या देख रही हैं। परिचित हैं, बीमारी की बात सुनकर आ गए।

शिवनाथ : और मैं अब यह भी जान गया कि उनकी बीमारी क्या है। हिन्दी के नए लेखक और कवि अपनी नई पुस्तकों में अपनी बीमारियों को इतना अधिक भर रहे हैं कि कोई भी उन्हें पढ़कर बीमार पड़ जाएगा। इन उपन्यासों और नाटकों में देवकुमार जी ने लाल पेंसिल से चिह्न बनाए है, गीतों के इन संग्रह ग्रंथों में भी वैसे ही अनुमोदन चिह्न बने हैं।

...जिन विकारों के ऊपर उठाना हमारे इस देश का कभी धर्म था, उन्हीं में हमारे लेखक और कवि डूब रहे हैं, पढ़ने वाले भी बिना डूबे न बचेंगे।

सरला : ऐसी बात ! इन किताबों में यह सब है। **(विराग और अरुचि की मुद्रा)**

शिवनाथ : जी...गंदी बातें...दर्शन के पर्दे में लपेट कर...जिनका लिखना आत्महत्या है, और पढ़ना भी। बोतल की शराब इस शराब से बहुत अच्छी है। उसका नशा घड़ी भर रहता है और यह नशा चढ़ा फिर उतरने का नाम नहीं लेता। क्या बीमारी है उन्हें ? ज्वर है ?

रजनी : **(काँपते स्वर से)** जी...नहीं...

शिवनाथ : तब ? **(जैसे उसके अंतःस्थल में देख रहे हों।)**

रजनी : क्या कहूँ, कुछ समझ में नहीं आता ! **(भ[illegible] की मुद्रा)**

शिवनाथ : बीमारी के कुछ तो लक्षण होंगे। ज्वर नहीं तो खाँसी होगी, पेट में दर्द होगा...किसी डॉक्टर, वैद्य ने देखा ?

रजनी : जी नहीं।

शिवनाथ : और पत्रों में छप गया 'हिंदी के प्रसिद्ध कवि देवकुमार जी महीनों से बीमार'।

रजनी : महीनों से नींद आ रही है उन्हें, भोजन में कोई रुचि नहीं ! सूखते

जा रहे हैं।

शिवनाथ : तब कहें, अब वे ठीक अर्थों में कवि हो रहे हैं। सचमुच इस युग का कवि जब तक सूक्ष्म शरीर और स्थूल आत्मा का न हो जाए तब तक वह कवि नहीं बन सकता। सूक्ष्म शरीर और स्थूल आत्मा, समझ रही हैं आप ?

रजनी : जी नहीं, दवा देनी है उन्हें, आप क्षमा करें...भीतर चलो माँ, देखो उन्हें...

शिवनाथ : शरीर की दवा देकर क्या करेंगी ? जो शरीर के बंधन मानता नहीं, किस अवस्था के धर्म और कर्म क्या हैं, इसकी जिसे चिंता नहीं, जिसकी कविता बस आत्मलोक की है, उसे वह दवा देनी चाहिए जो उसकी आत्मा को और स्थूल न करे। सब कुछ उलटा हो रहा है, सरला देवी। हमारे नेता शरीर को स्थूल कर रहे हैं, और लेखक आत्मा को। उन्हें चरबी का रोग है और इन्हें क्षय का।

सरला : लेखक...कवि। तो वे भी गुसाईं जी की तरह कोई 'रामायन' लिख रहे हैं।

शिवनाथ : (हँसकर) गोस्वामी राम की कथा लिखा गए, और कह गए, 'जो पुरुष है उसे राम-सा जीवन बिताना है, जो स्त्री है उसे सीता-सा।' पर देवकुमार जैसी कविता लिखते हैं, उसमें कोई कथा नहीं होती : न राम की, न रावण की। इस संसार के किसी जीवित पुरुष या स्त्री का आकार उसमें नहीं होता।

सरला : होता क्या है तब ?

शिवनाथ : एक तरह का पागलपन, मन की रंगीनी, झूठा प्रेम, झूठी पीड़ा। मन को पंख लग जाते हैं। ऐसे लोग आकाश में उड़ते हैं : धरती की धूल से उनकी भेंट नहीं होती। इसी धूल से उनका शरीर बना है, यह सत्य भी वे भूल जाते हैं। वे अपनी पत्नियों से आँख चुराते हैं, उनके निकट बैठने का साहस उन्हें नहीं होता, और कविता में अनंत प्रेम का राग अलापते हैं।

रजनी : (उद्वेग से) ठीक कह रहे हैं आप ! एक-एक शब्द सही है, अक्षर-अक्षर सही है।

सरला : क्या सही है ! हे भगवान, तो तुम्हें...

शिवनाथ : माँ-बेटी के बीच में पड़ना ठीक नहीं है। आपने बुरा किया, सरला देवी, ऐसे व्यक्ति को अपनी कन्या दे दी जो प्रेम भी कल्पना में करता है। वह व्यक्ति यदि कहीं ईमानदार होता तो आपकी इस लड़की को कविता समझता। पर वह कायर है, जीवन के तथ्यों से भाग रहा है, उन्माद को वह ज्ञान समझ रहा है।

रजनी : यह सब उनसे कहें आप...(**गहरी साँस**)

शिवनाथ : कहूँगा, इसीलिए तो आया था पर इस समय आपकी माँ उनके रोग की बात पूछें। मैं फिर आऊँगा। मैं यहाँ जिस समय आया आप कोई गीत गा रही थीं।

रजनी : जी, उन्होंने कहा था गाने के लिए।

शिवनाथ : पहली पंक्ति क्या थी उसकी ?

रजनी : (**गीत की लय में**) 'तुम सोओ मैं गाऊँ।'

शिवनाथ : और तब उन्हें नींद आ गई। (**कई बार सिर हिलाता है।**)

रजनी : नहीं तो।

शिवनाथ : तब अभी रोग असाध्य नहीं है। सरला देवी, जब कोई गाता रहे, क्या उस समय भी सो जाना संभव है ?

सरला : नींद आती भी होगी तो उचट जाएगी।

शिवनाथ : ऐसे ही गीत इस समय लिखे जा रहे हैं। 'मैं गाऊँ, तब तुम सोओ', 'मैं रोऊँ, तब तुम हँसो', 'मैं खाऊँ, तब तुम मर जाओ'।

रजनी : क्या कह रहे हैं आप ? यह गीत भारत की सबसे बड़ी कवयित्री का है।

शिवनाथ : जी ! और इसमें उपनिषदों का-सा ब्रह्मज्ञान है। पर कविता का संबंध ब्रह्म से नहीं, मनुष्य के जीवन से है। जीवन का भार जिनसे नहीं चलता, वे उस विडम्बना में फँस जाते हैं जिसे वे अध्यात्म कहते हैं। पर वह होती है केवल अतृप्ति और वासना !

रजनी : समझ नहीं पाती मैं, पर आपके शब्दों में कुछ ऐसा तीखा सत्य है जो...उनसे कभी पहले बातें हुई हैं।

(नीचे देखकर अँगूठे से धरती कुरेदती है।)

शिवनाथ : कई बार...कई बार...कह चुका हूँ मैं उनसे...कला मनुष्य का पतन है।

रजनी : पर वे स्वर्गीय समझते हैं।

शिवनाथ : पतन की हर राह में स्वर्ग का मोह होता है। पर एक बात...

रजनी : जी क्या ? **(साँस रोककर देखती है।)**

शिवनाथ : उनका यह व्यसन आप रोकती क्यों नहीं ?

रजनी : कई बार मन में आया है, उनके लिखे, पन्नों में आग लगा दूँ। पर सोचती हूँ किसी की साधना में...

शिवनाथ : (हँसकर) अच्छा तो यह व्यसन, झूठ का यह व्यापार, अब साधना कहा जा रहा है। साधना में आसक्ति नहीं होती। काश, मन और बुद्धि के रोगी साधना की आँच सह सकते ! जिस नाव के पेंदे में छेद है उस पर चढ़कर समुद्र पार करने की लालसा को क्या कहेंगे ?

सरला : मैं तो समझती थी, आप उनके कोई संबंधी हैं, जिनका पता मुझे नहीं है।

शिवनाथ : कविता और कला का मतलब यही है कि वह जिधर देखे उधर संबंध जुड़ जाए। पर आज का कवि सारे संबंधों से छूट कर अंबर में त्रिशंकु बना है। इनको पहले तो कभी देखा नहीं, पर मेरा अनुमान है कि यहाँ आकर ये भी कुम्हला गई हैं।

सरला : मुझे तो इसे देख कर रोना आ रहा है। सूख कर काँटा होती जा रही है।

शिवनाथ : पूछिए, इन्हें क्या कष्ट है ? इस समय जा रहा हूँ, फिर आऊँगा।

रजनी : आपको यहाँ बराबर आना चाहिए। उनके रोग का इलाज आप ही कर सकते हैं।

शिवनाथ : हाँ, पर जब आप मेरी बात मानें।

रजनी : जी...**(उत्सुक होकर)**

शिवनाथ : घबराने से काम नहीं चलेगा।...देवकुमार पुरुष पहले हैं और कवि बाद को। साहित्य और कला के नाम पर स्त्री चाहे जो करे, पर पुरुष को उस क्षेत्र में भी पुरुष रहना है। पुरुष की आँखों में

जब स्त्री के आँसू दीख पड़ते हैं, उसके कंठ में जब स्त्री की वाणी गूँजती है, उसके अनुराग में जब स्त्री की लज्जा नाचती है, उस दशा में उससे नारी ही अच्छी है। ऐसे पुरुष को पति बनने का अधिकार कहाँ है ? पुरुष जाति का कलंक है वह अभागा। भावनाओं में डूब मरने वाला !

रजनी : तो आज आप चले जा रहे हैं ?

शिवनाथ : आपका दुख मैं समझता हूँ। आऊँगा मैं, आज ही छह बजे आऊँगा। स्त्री का दुख स्त्री कभी नहीं समझती। पर जो पुरुष नहीं समझता, निश्चय ही वह मन से स्त्री है। नमस्कार सरला देवी ! आऊँगा मैं, रजनी ! मुझे भी विश्वास है, मैं उसके रोग की दवा कर सकूँगा।

रजनी : **(काँपते कंठ से)** अपना परिचय भी तो...

शिवनाथ : यहाँ के विश्वविद्यालय में दर्शन का अध्यापक, शिवनाथ।

(प्रस्थान)

सरला : कैसे आदमी हैं वे ? इनकी ओर देखने में डर लगता है। आँखें इनकी सीधी मन के भीतर धँस पड़ती हैं।

रजनी : माँ !

सरला : हाँ।

रजनी : क्यों आई यहाँ ! कविता लिखकर उन्हें अमर होना है।

सरला : तुमने लिखा था, बीमार हैं।

रजनी : हाँ, पर तुम्हें बुलाया नहीं था।

सरला : दामाद की बीमारी में बुलाने का सवाल नहीं है, बेटी ! और अब सुन रही हूँ, यह बीमारी इतने बड़े संसार में...

रजनी : दो-चार को होती है। लाखों-करोड़ों में **(भारी स्वर में)**

सरला : रजनी...हाँ, हाँ।

रजनी : **(सिसक कर)** इस जीने से मर जाना अच्छा है, माँ !

सरला : पर क्यों ? तुम्हें मानते नहीं ! उदासीन रहते हैं !

रजनी : उदासीन रहने के लिए भी कुछ दम चाहिए। यहाँ कुछ नहीं है। मुझे देखकर ऐसे कातर हो जाते हैं जैसे मुझ से दूर रहने की भीख माँगते हों।

सरला : तुम्हारे पास कभी नहीं आते, किसी समय नहीं ?

रजनी : कभी नहीं। जब मैं पास जाती हूँ तो वही तोते की रटी बातें 'गति समाप्त करना है', बड़े ऊँचे भाव उठ रहे हैं।

सरला : तब तो मैं ठगी गई। आग लगे इनकी कविता में, चलो अभी पूछती हूँ मैं...

रजनी : ना माँ ! तुम नहीं ? वे जो अभी गए हैं, वे पूछेंगे। तुम पूछोगी तो समझेंगे मैंने शिकायत की है। यह कुछ न हो। तुम आई हो देख लो और आज ही चली जाओ।

सरला : दामाद के घर कोई जल्दी नहीं जाती, और जाती है तो लौटती नहीं। जो नहीं करना था वही जब कर दिया तो अब मुझे सीधा पूछना है।

रजनी : हाथ जोड़ती हूँ मैं ! छेड़ना मत उन्हें। उनका विश्वास नहीं है कि कब क्या कर बैठें। **(दोनों हाथ जोड़ लेती है।)**

सरला : क्या मतलब...

रजनी : आज सबेरे चारपाई से उठते ही कहने लगे, 'मेरे लिए रोना मत रजनी ! मैं अपनी कविताओं में अमर रहूँगा।' मैं दवा देने जा रही हूँ। तुम ऐसे आओ कि उन्हें लगे, तुम चली ही आ रही हो। नहीं तो लगेंगे खोदकर पूछने, क्या कहा मैंने तुमसे। **(रजनी दूसरे कमरे में प्रवेश करती है। देवकुमार पलंग पर पड़ा छत की ओर देख रहा है।)**

देवकुमार : कोई आया था ?

रजनी : नहीं...ओ हाँ, यहाँ दर्शन के अध्यापक शिवनाथ जी, या क्या नाम कहा।

देवकुमार : आए थे ! **(उद्वेग का स्वर)**

रजनी : तुम्हें देखने, कैसे देख रहो हो ? उनका आना बुरा हुआ। तुम्हारी बीमारी का समाचार पत्रों में छपा है।

देवकुमार : साहित्यकार की चिंता भी अब जनता को होने लगी है, रजनी, यह इस बात का प्रमाण है।

रजनी : हाँ; यह दवा लो,...नाम और यश की चाह उसे हो, जो जीवित है; पर जो...

देवकुमार : तो क्या मैं मर गया हूँ ?

रजनी : मेरे मुँह से यह बात कैसे...

देवकुमार : कला और सीमा में कवि नहीं बँधता, रजनी ! जीना और मरना उसके लिए समान है।

सरला : **(प्रवेश करके)** क्या कह रहे हो, जीना और मरना समान कहाँ होता है। इसीलिए अपनी लड़की मैंने तुम्हें दी थी ! तुम जीना और मरना एक समान मानते हो।

देवकुमार : मैं कवि हूँ।

सरला : फिर तुम्हारी बाँहें चार क्यों नहीं हो गईं। आठ पैर, पाँच सिर और दस आँखें हो गई होतीं तुम्हारी, तब समझती, तुम कवि हो। अभी तो जैसे दुनिया के और लोग हैं, वैसे ही तुम भी हो। घुला कर बिटिया को मार डाला तुमने।

देवकुमार : कवि की स्त्री उसकी कविता है।

सरला : फिर विवाह क्यों किया तुमने ?

देवकुमार : किसी साथी के बिना काम नहीं चलता। पर बैठिए, आप तो यहाँ आते ही बरस पड़ीं। यह भी पूछा करते हो, कैसे रहते हो ? शिवनाथ जी आए तब आप आ गई थीं।

सरला : आएँगे वे फिर छह बजे।

देवकुमार : किसलिए ?

सरला : तुम्हारी दवा करने...।

देवकुमार : क्या ?

रजनी : तुम्हारी बीमारी की बात पत्रों में पढ़कर वे आए थे। पुराने परिचित हैं तुम्हारे।

देवकुमार : हैं, पर उनके दर्शन में कविता का रस कहाँ मिलेगा ?

रजनी : रस के लिए बुद्धि हवा में नहीं उड़ा दी जाती। 'मेरे लिए रोना मत, रजनी !' इसमें क्या रस है ? उन्माद कवि का रस कब से बन गया है ?

देवकुमार : रजनी !

रजनी : क्या है ? **(क्रोध और विरक्ति की छाया आँखों में नाच उठती है।)**

देवकुमार : तुम तो ऐसी नहीं थीं !

रजनी : शिवनाथ जी सच कह रहे थे। तुम्हारा प्रेम कल्पना का है। जीना और मरना भी तुम्हारा कल्पना का है। कविता में तुम अपने मन की रंगीनी भरते हो। जिन विकारों को दबाकर तुम्हें पुरुष बनना चाहिए उन्हीं को कुरेद कर तुम समाज के गले मढ़ रहे हो। कला में तुम्हारा पतन हो रहा है।

देवकुमार : तुम्हारी जीभ तो इस तरह कभी नहीं चली !

रजनी : स्त्री के सामने स्त्री की जीभ कब रुकी है। मैं पहले भ्रम में थी कि तुम पुरुष हो।

देवकुमार : अच्छा !

रजनी : हाँ...हाँ... ! तुम शरीर से पुरुष होकर भी मन से स्त्री हो। तुम्हारी कविता में पुरुषत्व का अभाव है। तुम्हारी आँखों में स्त्री के आँसू मैं देख चुकी हूँ। तुम्हारे कंठ में स्त्री की वाणी गूँजती है, तुम्हारे प्रेम में स्त्री का संकोच है ! तुम अपने अंगों को स्त्री की तरह छिपाते हो। हम दोनों स्त्री हैं, समझे ?

देवकुमार : तब तुमने स्त्री से विवाह किया है।

रजनी : संसार में धोखा बहुत होता है। 'देवकुमार' किसने रख दिया तुम्हारा नाम। देवकुमारी रखा होता तो मैं भ्रम में न पड़ती।

देवकुमार : इस युग का प्रतिष्ठित कवि हूँ मैं, जानती हो ?

रजनी : पर मुझे कवि नहीं पुरुष चाहिए जो मुझ पर शासन करे। तुम तो दया की भीख माँगते हो। तुम्हारी कविता मिथ्या का व्यापार है, तुम पुरुष नहीं हो। तुम्हारी कविता मृत्यु की पूजा है। तुम कायर हो...

देवकुमार : और कुछ **(सरला से)** सुन लीं आपने अपनी लाड़ली की बातें !

रजनी : मैं तुम्हें न छोड़ूँगी। तुम्हारी कविता में आग लगा कर तुम्हें पुरुष बनाऊँगी।

देवकुमार : मैं कहीं चला जाऊँगा। मेरे सहायक कहीं भी मिल जाएँगे।

रजनी : धिक्कार है तुम्हें ! दूसरों की सहायता पर जीने वाले।

(पट-परिवर्तन)

शिवनाथ : आप नहीं जानते...

देवकुमार : दर्शन के सत्य से कविता का सत्य अलग होता है।

शिवनाथ : सत्य का तेज सह लेना कठिन है। जो नहीं सह पाते, आँखें मूँद लेते हैं। देवकुमार जी, आप जैसे...

देवकुमार : कृपा कर मुझे क्षमा करें।

शिवनाथ : आप अकेले की बात होती तो चिंता नहीं थी। पर आप समाज के गले विष उतार रहे हैं। यहाँ मेरा कर्तव्य हो जाता है कि आपको रोकूँ। इन गीतों में प्रेम और रति की भावना के साथ मृत्यु का आकर्षण है, यही पाप है।

देवकुमार : पाप है। कविता और कला में आप पाप देखते हैं, महोदय !

शिवनाथ : हाँ, उसमें मृत्यु का मोह जो है।

देवकुमार : किस तरह ?

शिवनाथ : मन की जिस दिशा में ये पंक्तियाँ लिखी गई हैं, मैं उस दशा को देखता हूँ। देखता हूँ, वहाँ कर्म और जीवन से विराग है, कल्पना की मदिरा का समुद्र लहरा रहा है। बेचारा कवि तिनके-सा, कभी इधर कभी उधर उलट रहा है।

देवकुमार : आपके इस विचार से मेरा विरोध है।

शिवनाथ : तब मैं सीधे पूछूँगा, कविता की पहली प्रेरणा तुम्हें कब मिली ? क्या आयु थी उस समय ?

देवकुमार : मैं चौदह साल का था।

शिवनाथ : काम के तीर तुम्हें समय से कुछ पहले ही लग गए। सोलह वर्ष के बाद लगे होते तो तुम संसार के स्वस्थ प्राणी रहते। इस समय रोगी हो।

देवकुमार : काम के तीर और कविता से नाता !

शिवनाथ : काम की कलियों में कला के फूल आते हैं, महोदय ! आरम्भ के कवि और आरम्भ के प्रेमी, दोनों की एक ही गति होती है। दोनों को संसार निष्ठुर लगता है, दोनों ही इसके बंधनों से मुक्त होना चाहते हैं। कोई ऐसा लोक जहाँ बराबर बसंत रहे, कोयल कूकती रहे, भौंरे गूँजते रहें, फूलों और चाँदनी का लोक, ये दोनों खोजते फिरते हैं।

सूर्य की किरणें दोनों को असह्य होती हैं। सूर्य के प्रकाश से दोनों भागना चाहते हैं, आरंभ का कवि और आरंभ का प्रेमी, दोनों।

देवकुमार : यही तो कविता की मोहिनी है।

शिवनाथ : यह आरंभ के प्रेमी और आरंभ के क़वि का एकांगी स्वार्थ है, दोनों कामना का संसार बनाना चाहते हैं। बोलो...

देवकुमार : किसलिए ?

शिवनाथ : सत्य से भागने के लिए। तुम सत्य से डरते हो।

देवकुमार : सत्य से कवि डरता है।

शिवनाथ : तुम डरते हो, सभी कवि नहीं। वाल्मीकि, व्यास, कालिदास और तुलसीदास सत्य से नहीं डरे। संस्कृत का कोई कवि नहीं डरा। अंग्रेजी के आने से पहले इस देश के छोटे कवि भी नहीं डरे। यह डर तो अंग्रेज कवियों के उन गीतों के साथ इस देश में आया, जिन्हें सोनेट और लिरिक कहते हैं, जिनमें व्यक्ति अपनी अतृप्त वासना की प्रदर्शनी खोलता है।

देवकुमार : तो आपका मतलब यह है कि इस देश के कवि अभी भी उसी घेरे में, उसी सँकरे कुएँ में पड़े रहें।

शिवनाथ : समझने की बात है। जो किसी एक व्यक्ति का है वही सँकरा कुआँ है, पर जो जन-जन का है उसे समुद्र कहते हैं।

देवकुमार : हूँ...तब... ?

शिवनाथ : यही कि ऐसी कविता और कला जिसमें उसका निर्माता स्वयं लिप्त है, अपने मन की वासनाओं पर दर्शन के रंग चढ़ाता है, वह कला नहीं, लालसा है और वही व्यक्ति का पतन है। छायावाद के नाम पर सड़ा मांस दिया गया, अब गीतों में वही दिया जा रहा है। तुम्हारे अपने मन की बेचैनी समाज की बेचैनी बन रही है। उसे तुम क्यों नहीं देखते ?

देवकुमार : ठहरिए ! आप मुझे पागल बना देंगे। **(दोनों हाथों से सिर थाम लेता है।)**

शिवनाथ : हिंदी के कवियों की सबसे बड़ी सफलता पागल बन जाने में ही है।...इससे अधिक नाम, अधिक यश मिलेगा। तुम पागल बन

चुके हो, यश और कीर्ति का रंग तुम्हारी आँखों में भी चढ़ चुका है। तुम्हें अब सत्य नहीं सूझता।

देवकुमार : तो मैं अब गीत लिखना बंद कर दूँ, यही चाहेंगे आप ?

शिवनाथ : जो कुछ लिख चुके हो, उसे भी फूँक दो। उसकी राख गंगा में बहाकर प्रायश्चित्त करो। उन गीतों में तुम काम और लालसा के कीड़े हो। रजनी की ओर देखने का भी तुम्हें साहस नहीं होता है और तुम प्रेम के गीत लिखते हो।

देवकुमार : क्या, तब उसने...

शिवनाथ : उसने कुछ नहीं, तुमने। सत्य से तुम भागते जो हो। इसलिए उससे भी भागते हो। वह सत्य है। पुरुष का सत्य स्त्री होती है, बिना उसके वह पूर्ण नहीं होता। तुम्हारे इस बीस-बाईस साल के शरीर का सत्य रजनी है, कोई ब्रह्म नहीं। अनंत की दुकान खोलकर तुम अपनी प्रकृति को ठग रहे हो।

देवकुमार : आप इस समय जाइए यहाँ से। आपकी बातों पर मैं विचार करूँगा।

शिवनाथ : यह भी पलायन है। तुम कवि हो। तुम्हें प्रतिष्ठा भी मिल चुकी है। फिर भी हर समय भाग निकलने की भावना तुम्हारे मन में रहती है। इस जीवन का अंत तुम देख रहे हो और उससे डरते हो। तुम्हारे लिए इसका अंत दुख है। तुम हताश हो, हताश !

देवकुमार : मेरे हृदय में क्या है, आप कैसे जानेंगे ? **(बात टालने की चेष्टा)**

शिवनाथ : यश और कीर्ति के साथ यह मरने की कामना क्यों ?

देवकुमार : **(विस्मय और उद्वेग में)** तो उसने आप से कह दिया, मैं मरना चाहता हूँ।

शिवनाथ : किसने ?

देवकुमार : वही...वही...वही...रजनी...

शिवनाथ : उसने जाना कैसे ?

देवकुमार : आज सबेरे मैं कह गया।

शिवनाथ : सबेरे-सबेरे मरने की कामना। आधी रात को तुम्हें यह कामना

होती तो समझता प्रेम के अभाव में तुम यह कह रहे हो, पर सबेरे ! और तुम्हें अभी भी अपनी बुद्धि पर विश्वास है !

देवकुमार : जीने में रस क्या है ? नीरस जीवन का भार...इस जीवन में मेरा विश्वास नहीं है। भगवान की भूल बन कर हम कब तक रहें।

शिवनाथ : छिः ! अपनी सनक में भगवान को न घेरो। मर जाने में तुम्हें वह सिनेमा, जो इसी जीवन में नहीं ले लेते ? तुम्हारे भीतर कुछ ऐसा है, जो सत्य से भागता है। जीवन में अनुराग कला की पहली...

देवकुमार : क्या कला को...

शिवनाथ : पहली शर्त है। जहाँ जीवन में रस नहीं, वहाँ कविता कहाँ ?

देवकुमार : तब तो कला में कुछ भी दैवी नहीं, रक्त और मांस की भूख भर है।

शिवनाथ : रक्त और मांस की भूख हमारे इस जीवन में सबसे बड़ा सत्य है। वह नरक वहीं है, जहाँ वह एक व्यक्ति की है, जहाँ वह आसक्ति है, पर जहाँ वह विश्व की है, अनासक्त है, वहाँ दैवी है। रसराज श्रृंगार की महिमा हमारे पुराने साहित्य में इसीलिए है। कालिदास की शंकर और पार्वती की प्रणय-लीला को सुनकर मनुष्य अपनी अतृप्ति से मुक्त होता है। अतृप्ति से मुक्त होना ही मोक्ष है। समझे !

देवकुमार : सूर और मीरा के गीत, विद्यापति और जयदेव के...

शिवनाथ : राधा और कृष्ण के प्रेम का आधार वहाँ है। तुम्हारे गीत शून्य पर रचे गए हैं। वाल्मीकि, कालिदास और तुलसीदास हमारे काव्य के त्रिमूर्ति और त्रिदेव हैं जिनके शंकर और पार्वती, राम और सीता जैसे विभूतिमान चरित्र शुद्ध पुरुष और स्त्री बन गए ! तुम्हारे गीतों में आत्मा का पतन है। पत्रों में अपनी बीमारी की सूचना निकाल कर दूसरों की दया पर क्यों जीना चाहते हो तुम ?

देवकुमार : मान गया ! इन गीतों को फूँक दूँगा मैं, इनमें मेरा पतन है। इनमें मेरे व्यक्ति की आसक्ति है जिससे संसार का कोई नाता नहीं।

शिवनाथ : इनमें कर्म का भाव नहीं है। जीवन के प्रति आग्रह नहीं है। वासना की लपटें इनमें हैं पर प्रेमी की तृप्ति नहीं। हाँ, तुम्हारी सजीव कविता यह है।

रजनी : (प्रवेश करके) माँ के साथ जा रही हूँ मैं।

देवकुमार : पहले मेरे इन गीतों में आग लगा दो, इस झूठ से मुझे बचा लो, तब...

रजनी : क्या... ? उन गीतों में तुम अमर हो।

शिवनाथ : पुरुष अपने पुत्र में अमर रहता है।

रजनी : मैं कवि नहीं हूँ, दर्शन भी नहीं जानती...

शिवनाथ : तुम जिधर देख लेती हो, कविता को रूप मिल जाता है और दर्शन को विचार। अब इनका रोग मिट गया है।

रजनी : (आनन्द में) सच कह रहे हैं आप !

देवकुमार : हाँ ! मैं भूला था। कविता सन्निपात नहीं सचेत साधना है।

रजनी : तो अब कविता नहीं लिखोगे ?

देवकुमार : काव्य लिखूँगा, जिसमें स्वाभाविक पुरुष और नारी के व्यापार रहेंगे, उनका प्रेम और कर्म रहेगा, जिसका आधार यही लोक होगा, कोई अनन्त और असीम नहीं।

शिवनाथ : उसमें मरने की कामना तो न होगी ? कोई चरित्र आत्महत्या करके मुक्ति तो नहीं ले लेगा ?

देवकुमार : यह अंग्रेजी साहित्य से यहाँ आया था। हमारे बड़े से बड़े कवि और लेखक मृत्यु को सबसे बड़ा अध्यात्म बना गए हैं इस युग में। पिछले पचास वर्षों का हमारा साहित्य हमारे साहित्यकारों का पतन है।

शिवनाथ : मुझे संतोष है, तुमने मान लिया। आज के साधक और सिद्ध किसी दिन विकृतियों के दास कहे जाएँगे। इस देश का विवेक जिस दिन लौटेगा...

देवकुमार : तो...

शिवनाथ : इन रचनाओं की मनोवैज्ञानिक परीक्षा होगी। कहा जाएगा, हमारे इन कवियों और लेखकों ने अपने पूर्वजों से नाता तोड़कर दूसरों की जूठन उठाई थी। अपनी हीन वासनाओं को असीम और अनंत कहकर उपनिषदों के विचारकों के मुँह पर कालिख पोती थी।

देवकुमार : (हँसकर) बीस वर्ष की आयु तक पहुँचते-पहुँचते असीम के

अनुराग में सभी रंग गए थे। हर तरुण और हर तरुणी की लालसा में ब्रह्म करवटें लेकर कराहता था।

शिवनाथ : बस...बस ! सारा निर्णय हमीं न करें, कुछ भविष्य के लिए भी छोड़ दें। सरला देवी कहाँ हैं ?

रजनी : दूसरे कमरे में।

देवकुमार : मेरे कंठ में अब तुम्हें पुरुष की वाणी मिलेगी। अचरज की बात नहीं, दिन भर का भूला शाम को घर लौटा है।

रजनी : तब मैं इन गीतों को जला दूँ ?

देवकुमार : हाँ ! यह कापी है, कुछ पन्ने हैं।

(कागज बटोरने लगता है)

शिवनाथ : इन्हें रहने दो। औरों के साथ तुम्हारे भी रहेंगे। अब से राह बदल दो।

देवकुमार : जी नहीं ! भविष्य में उतने ही रहें जो छप चुके हैं। पाप का भार जितना कम रहे, उतना ही अच्छा।

शिवनाथ : यौवन का उन्माद भी सच होता है। रहने दो अपने इस उन्माद को भी।

रजनी : तब मैं न रहूँगी। इन कविताओं ने मुझे सौत का दुख दिया है, झूठा प्रेम और झूठी पीड़ा।

शिवनाथ : इसी एक जन्म को अंत मान लेना, इसके वर्षों को महीनों में और दिनों को पलों में खींच लाना, सेमर की रुई-सी उड़ते रहना, बिना किसी आधार और लक्ष्य के...

देवकुमार : **(कविताओं को फाड़कर)** हाँ, बटोर लो, रजनी, इन टुकड़ों को और इनमें दियासलाई लगा दो।

रजनी : और इसकी राख तुलसी की जड़ में डाल दूँ या गंगा में बहा दूँ। इनका पाप भी पुण्य हो जाए।

शिवनाथ : देखा...यह है जीविता कविता का विवेक।

रजनी : आप मुझे बना रहे हैं !

देवकुमार : तुम्हें बनाने की कला होती इनमें, तो ये भी कवि होते।

रजनी : क्यों, आपकी देवी जी हैं ?

शिवनाथ : जी नहीं। तलाक दे दिया उन्होंने मुझे (**स्वर भारी हो उठता है**)

रजनी : क्यों ?

देवकुमार : वे मर गईं।

शिवनाथ : जी, पंद्रह साल पहले जब उन्हें लगा मेरे साथ उनकी न निभेगी तो वे चली गईं।

रजनी : फिर आपने दूसरा विवाह...

शिवनाथ : जी नहीं ! यह बस एक बार होता है। अच्छा, अब चलता हूँ, फिर कभी...

(**प्रस्थान**)

रजनी : क्या हो गया इन्हें। मुँह पीला पड़ गया, आँखें चाक सी घूम गईं...।

देवकुमार : वे मर गईं, पर इनका प्रेम नहीं मरा। यहाँ रुकते तो रो पड़ते, निश्चय था।

सरला : (**प्रवेश करके**) क्या हुआ ? उनकी आँखें भरी थीं। कुछ कह दिया किसी ने ?

देवकुमार : उनकी पत्नी मर चुकी हैं, उनकी याद दिला दी रजनी ने।

सरला : कब मरी ?

देवकुमार : पंद्रह वर्ष बीत गए।

सरला : और एक तुम हो...

देवकुमार : मैं अब तक झूठ के मोह में पड़ा रहा। सत्य तो अभी-अभी देखा है।

सरला : रजनी, चलना है।

देवकुमार : अब नहीं, मेरे जीवन की कविता को, मेरे पहले सत्य को आप अब मुझसे दूर न करेंगी।

रजनी : इनकी कविताओं के टुकड़े हैं ये माँ ! चलो तुम्हारे सामने इन्हें फूँक कर इनकी राख तुलसी की जड़ में डाल दूँ।

देवकुमार : मैं भी चलूँगा। देख लूँ अपनी आँखों से इनका जलना, मेरी अपनी आसक्ति, जिसे मैं दूसरों के गले मढ़ रहा था।

जोंक

पात्र

भोलानाथ
प्रोफेसर आनन्द
बनवारी
कमला
एक पंजाबी, एक हिंदुस्तानी, एक मारवाड़ी तथा अन्य लोग

पहला दृश्य

स्थान—भोलानाथ के निवास-स्थान का एक कमरा

(कमरा बहुत बड़ा नहीं और न बहुत खुला है।)

कमरे में दो चारपाइयाँ भी बिछी हैं और दो कुर्सियाँ तथा एक छोटी-सी मेज भी रखी है। इसलिए इसे आप शयन-गृह भी कह सकते हैं और ड्राइंग-रूम भी।

शेष सामान वही है जो एक साधारण क्लर्क या पत्रकार या ऐसी ही स्थिति के किसी व्यक्ति के यहाँ हो सकता है।

पर्दा उठने पर हम प्रोफेसर आनन्द को मेज के पास रखी कुर्सी पर बैठे एक समाचार-पत्र के पन्ने उलटते देखते हैं। प्रो. आनन्द शक्ल-सूरत में प्रोफेसर मालूम होते हों सो बात नहीं। शिक्षा जब से बढ़ी और हिंदुस्तानियों के भोजन की मात्रा जब से घटी है, तब से कालेजों में

ऐसे छात्र आने लगे हैं जिनको उसकी माताएँ आसानी से आधा टिकट लेकर अपने पास जनाने डिब्बे में बैठा सकती हैं। प्रोफेसर आनन्द कदाचित् छात्रावस्था में ऐसी ही किस्म के छात्र थे। अभी-अभी एम. ए. करके वे पढ़ाने लगे हैं, इसलिए उनकी अवस्था में कुछ विशेष अंतर नहीं आया। उन्हें कोई भी मैट्रिक का छात्र समझ सकता है और इस समय तो वे प्रोफेसर की वेश-भूषा में भी नहीं हैं। एक तहबन्द और कमीज पहने शायद हजामत बनाकर बैठे हैं, क्योंकि साबुन की सफेदी उनके चेहरे पर लगी दिखाई देती है और मेज पर पड़ा हजामत का खुला सामान भी इसी बात की गवाही देता है।

पर्दा उठने के कुछ समय बाद भोलानाथ दाईं ओर के कमरे से प्रवेश करता है जिधर कदाचित् रसोईघर है।

शक्ल-सूरत से भोलानाथ प्रोफेसर से कुछ मोटा-ताजा है, पर चेहरे से जो बुद्धिमत्ता प्रोफेसर साहब के टपकती है उसका वहाँ सर्वथा अभाव है—सीधा-सादा सनकी-सा आदमी है, कन्धे झाड़ने की आदत है। ऐसे आदमियों को लोग कभी-कभी जनमुरीद अथवा पत्नी-व्रत भी कह दिया करते हैं। आकृति से उसकी घबराहट टपक रही है।

(आनन्द पूर्ववत् समाचार-पत्र में निमग्न है।)

भोलानाथ : (परेशानी के स्वर में) यह फिर आ गया आनन्द! तुम मेरी सहायता करो परमात्मा के लिए!

आनन्द : (समाचार-पत्र रखकर) कौन आ गया ?

(भोलानाथ परेशान चारपाई में धँस जाता है।)

भोलानाथ : यह एक बार आ जाता है तो जाने का नाम नहीं लेता।

आनन्द : कुछ पता भी चले, कौन है यह!

भोलानाथ : अरे कौन क्या? राहों का आदमी है!

आनन्द : राहों का—तो यों कहो कि तुम्हारे वतनी[1] हैं।

भोलानाथ : अब वतनी को तो हजारों लोग मेरे वतनी हैं और कमरे **(कंधे झाड़कर)** मेरे पास केवल यही दो हैं।

---

1. वतनी—एक ही गाँव या नगर के रहने वाले

आनन्द : **(आश्चर्य से)** तो क्या इनसे जान-पहचान नहीं ?

(उठकर कमरे में घूमता है।)

भोलानाथ : बस, इस बात का चोर हूँ कि अपने छोटे भाई से इनके कारनामे सुनता रहा हूँ और...

आनन्द : **(रुककर)** पर तुमने कहा ना कि फिर आ गया तो इसका मतलब यह है कि ये साहब पहले भी तुम्हें अतिथि सत्कार का सौभाग्य प्रदान कर चुके हैं।

भोलानाथ : **(हँसकर)** क्या बताऊँ, तनिक बैठो तो विस्तार से कुछ कहूँ!

(आनन्द चारपाई पर बैठना चाहते हैं।)

भोलानाथ : यहाँ क्या बैठते हो, वह कुर्सी ले लो।

(कुर्सी घसीटता है।)

आनन्द : मैं यहीं अच्छा हूँ, तुम कहो।

भोलानाथ : **(फिर तनिक-सा हँसकर)** बात यह है कि मेरा छोटा भाई है न परसराम, जैसा वह आवारा है, वैसे ही उसके दोस्त हैं। उसका एक मित्र है सोम या मोम या क्या जाने क्या? वह जब भी जाता था, अपने इसी भाई की प्रशंसा करता था।

आनन्द : देशभक्त हैं ?

भोलानाथ : खाक!

आनन्द : कवि?

भोलानाथ : इसकी सात पुश्तों में किसी ने कविता का नाम नहीं सुना!

आनन्द : तो वक्ता, डॉक्टर, हकीम, वैद्य...?

भोलानाथ : **(चिढ़कर)** तुम सुनते तो हो नहीं और ले उड़ते हो, वे थे न प्रसिद्ध अभिनेता—मास्टर रहमत! यह उनके साथ रह चुका है।

आनन्द : **(ठहाका लगाकर)** तो ये ऐक्टर हैं!

भोलानाथ : **(कंधे झाड़कर)** अब यह तो मुझे मालूम नहीं कि इसने मास्टर रहमत के प्रसिद्ध नाटक 'खून का बदला खून' और 'दर्दे जिगर' में कोई अभिनय किया है या नहीं, पर सुना था कि यह उनका दायाँ हाथ है।

आनन्द : इस बात से तुम्हें क्या दिलचस्पी थी?

भोलानाथ : (खिन्न हँसी के साथ) अरे बचपना था और क्या। जब हम मैट्रिक में पढ़ते थे तो उनके नाटक पढ़ने का बहुत शौक था, यद्यपि उन्हें देखने का अवसर प्राप्त न हुआ था...

आनन्द : 'खून का बदला खून' और 'दर्दे जिगर' !

(व्यंग्य से हँसते हैं।)

भोलानाथ : अरे भाई, उन दिनों हमारे तो वे कालिदास और शेक्सपियर से कम न थे! उनके नाटक पढ़कर और मुहल्ले के एक रसीली आवाज वाले लड़के से उनके गाने सुनकर हम उनकी कला का रसास्वादन कर लिया करते थे।

आनन्द : (हँसकर) और उनके अज्ञात प्रशंसकों में थे?

भोलानाथ : तुम तो यह जानते ही हो कि प्रसिद्ध लेखकों, नेताओं और अभिनेताओं को लोग साधारण आदमियों से कुछ ऊँचा ही समझते हैं, और उनसे तो दूर रहा उनके साथ रहने वालों तक से बात करके फूले नहीं समाते। फिर यह तो रहमत का दायाँ हाथ था...

आनन्द : ('अब समाप्त भी करो यह भूमिका' के स्वर में) तो इनसे तुम्हारी भेंट हुई?

(फिर उठकर घूमने लगते हैं।)

भोलानाथ : भेंट! तुम इसे भेंट कह सकते हो। हमारे नगर के हैं न डॉक्टर किशोर...

आनन्द : (रुककर) नगर नहीं, कस्बा कहो। राहों कस्बा है।

भोलानाथ : (चिढ़कर) अरे हाँ-हाँ, तो मैंने इन्हें डॉक्टर किशोरीलाल की दुकान पर बैठे देखा, इनकी बातें दिलचस्पी से सुनीं और शायद एक-दो बातों का उत्तर भी दिया था, बस...

आनन्द : फिर तुम इन्हें घर ले आए?

भोलानाथ : (और भी चिढ़कर) अरे कहाँ, तुम बात भी करने दोगे। इस बात को तो दस वर्ष बीत गए। इसके बाद तो यह गत वर्ष मिला और तुम भली भाँति जानते हो कि गत वर्ष मैं किस मुसीबत में दिन काट रहा था। चंगड़ मुहल्ले का वह पीपल बेहड़ा और उसमें वह लाला ज्वालादास का नारकीय मकान और उसकी अँधेरी कोठड़ियाँ, जिनमें

न कोई रोशनदान था और न खिड़की और गर्मियों में बाहर गली में सोना पड़ता था।

आनन्द : **(ऊब कर)** पर बात तो तुम इनसे मिलने की कर रहे थे?

भोलानाथ : हाँ उन्हीं दिनों जब मैं दिन भर नौकरी की खोज में घूमता था, यह एक दिन 'पीपल-बेहड़ा' के पास ही चंगड़ मुहल्ले में मिल गया और दूर ही से 'नमस्कार' किया। मैं जल्दी में तो था पर क्षण भर के लिए रुक गया।

आनन्द : तो कहने का मतलब यह...

भोलानाथ : **(अपनी बात जारी रखते हुए)** इसने बड़े तपाक से हाथ मिलाया और कहा कि डॉक्टर किशोरीलाल आपकी बड़ी प्रशंसा किया करते हैं। आप मुझे पहचान तो गए हैं...? मैंने कहा—हाँ-हाँ मास्टर रहमत ...कहने लगे—बीमार है बेचारा दर्द-ए-गुर्दा से !

आनन्द : दर्दे-ए जिगर से नहीं?

(हँसते हैं।)

भोलानाथ : **(व्यंग्य की ओर ध्यान न देकर)** मैंने खेद प्रकट किया और पूछा कि सुनाइए कैसे आए? कहने लगा कि मुझे भी दर्द-ए-गुर्दा की शिकायत है।

आनन्द : **(ठहाका लगाकर)** यह किसी ने कहा है कि एक ही जाति के पक्षी एक ही साथ उड़ते हैं।

भोलानाथ : मैंने और भी शोक प्रकट किया। कहने लगा—कर्नल माथुर को दिखाने आया हूँ। कल चला जाऊँगा। मैंने कहा—तो आइए कुछ पानी-वानी पीजिए। कहने लगा—लाला बिहारीलाल प्रतीक्षा तो कर रहे होंगे, पर चलिए अपने वतनी का अनुरोध कैसे टाला जा सकता है।

आनन्द : **(ठहाका लगाते हैं)** यह बिहारीलाल कौन थे?

भोलानाथ : **(जलकर)** जाने कोई थे भी या नहीं। मेरे तो पाँव तले से धरती निकल गई! बड़े ही जरूरी काम से जा रहा था और मैंने तो यों ही शिष्टाचारवश पानी के लिए पूछा था। खैर ले आया और पेशबन्दी के तौर मैंने पत्नी से केवल ठंडे पानी का गिलास लाने के लिए कहा।

पानी पीकर ये महाशय वहीं गली में बिछी हुई चारपाई पर लेट गए। मुझे जल्दी जाना था। मैंने सकुचाते-सकुचाते कहा—मुझे...अ...जरा जल्दी है, आप किधर जा रहे हैं? लेकिन इन्होंने बात काटकर और टाँगें फैलाते हुए कहा—हाँ-हाँ आप शौक से हो आइए, मैं थक गया हूँ, जरा आराम करूँगा।

आनन्द : **(हँसकर)** खूब!

भोलानाथ : **(कंधे झाड़कर)** तुम होते तो मेरी सूरत देखते। नई-नई शादी हुई थी और ये हमारे वतनी...

(आनन्द फिर ठहाका लगाते हैं।)

भोलानाथ : मरता क्या न करता। मुझे तो जल्दी थी, हार कर चला गया। वापस आया तो ये मजे से बिस्तर बिछवा कर सो रहे थे और पत्नी बेचारी अंदर गर्मी में तप रही थी। पहुँचा तो कहने लगी—आपका इतना घनिष्ठ मित्र तो मैंने देखा नहीं। आपके जाने के बाद कहने लगा—तुम तो शायद 'नवाँ शहर' की हो। मैं चुप रही तो बोला—फिर तो हमारी बहन हुईं !

आनन्द : बहन !

भोलानाथ : अब कमला मुझसे पूछने लगी कि ये कौन हैं? क्या बताता ? इतना कहकर चुप हो रहा कि हमारे वतनी हैं। चारपाइयाँ हमारे पास केवल दो थीं। आखिर वह गरीब सख्त गर्मी में अंदर फर्श पर सोई ! ख्याल था कि दूसरे दिन चले जाऐंगे; लेकिन पूरे सात दिन रहे और जब गए तो मैंने कसम खाकर कमला से कहा कि अब कभी नहीं आएँगे लेकिन यह फिर आ धमका है और कमला...

(कमला प्रवेश करती है।)

कमला : मैं पूछती हूँ, आप चुपचाप इधर आकर बैठ गए हैं और वे मुझे इस तरह आदेश दे रहे हैं कि जैसे मैं उनकी मोल ली हुई बाँदी हूँ—'कमला पानी ला दो', 'कमला हाथ धुला दो', 'कमला यह कर दो', 'कमला वह कर दो,' ये कौन हैं? आप तो कहते थे, मैं इन्हें जानता तक नहीं, फिर ये क्यों इधर मुँह उठाए चले आते हैं! इन्हें कोई ठौर-ठिकाना नहीं?

भोलानाथ : **(घबराकर और कंधे झाड़कर उठकर)** अब बताओ...

(उठकर खड़ा हो जाता है।)

आनन्द : तुम ठहरो भाभी, मुझे सोचने दो।

(उठकर माथे पर हाथ रखे सोचते हुए घूमते हैं।)

कमला : आप सोचकर करेंगे क्या ? ये कोई इनके पुराने यार होंगे। मुझे इस बात से ही तो चिढ़ है कि आखिर ये मुझसे छिपाते क्यों हैं? क्या मैं इनके मित्रों को घर से निकाल देती हूँ?

(चारपाई के किनारे बैठ जाती है।)

आनन्द : देखो भाभी....

कमला : मैं कुछ नहीं देखती। आप देखिए! आप से तो हमारा कोई पर्दा नहीं। हमारे पास दो कमरे हैं और फालतू बिस्तर एक भी नहीं, फिर आप भी यहीं हैं। इनके वतनी तो बिस्तर बिछवाकर सो रहेंगे और मैं पड़ी ठिठुरा करूँगी बाहर बरामदे में।

आनन्द : देखो भाभी, ये इनके मित्र नहीं, यह मैं तुम्हें विश्वास दिलाता हूँ।

कमला : तो फिर ये उन्हें साफ जवाब क्यों नहीं देते?

आनन्द : यदि इनसे यह हो सकता तब न !

भोलानाथ : **(जो इस बीच में इधर-उधर घूमता रहा है, रुक कर कंधे झाड़कर)** हाँ हम वतनी आदमी हैं...

कमला : वतनी हैं तो...

आनन्द : देखो झगड़ने से कुछ न बनेगा, इस आदमी को धता बताना चाहिए।

कमला : यही तो मैं कहती हूँ !

आनन्द : यह इनसे हो चुका। इन अतिथि महोदय की खबर तो किसी दूसरी तरह से ली जाएगी।

(कुछ क्षण मौन–जिसमें आनन्द सोचते हैं और भोलानाथ अँगड़ाई लेता है, फिर–)

आनन्द : **(धीरे स्वर में)** मैं पूछता हूँ वह कर क्या रहा है ?

कमला : शायद बाहर गया है।

आनन्द : **(जैसे तरकीब सूझ गई है, चुटकी बजाकर)** मैं कहता हूँ भाभी तुम लिहाफ ले लो और चुपचाप लेट जाओ और यदि कराह सको

तो कुछ-कुछ समय के बाद कराहती भी जाओ। **(भोलानाथ से)** देखो भाई, तुम कह देना कि मुझे भूख नहीं! मैं बहाना कर दूँगा कि जी भारी होने से मैं उपवास से हूँ और बस...

(सीढ़ियों से पाँव की चाप आती है।)

आनन्द : **(मुड़कर)** मैं कहता हूँ जल्दी करो **(एक-एक शब्द पर जोर देकर)** ज...ल्...दी करो, इन्हीं कपड़ों समेत लेट जाओ।

(हाथ में दो लौकियाँ लिए बनवारी लाल प्रवेश करता है।)

भोलानाथ : आइए, आइए, किधर चले गए थे आप? ये हैं मेरे मित्र श्री आनन्द, जालन्धर में प्रोफेसर हैं, यहाँ प्रिंसिपल गिरधारी लाल से मिलने आए हैं और **(बनवारी की ओर संकेत करके)** ये हैं मि. बनवारी लाल मेरे वतनी। किसी जमाने में प्रसिद्ध अभिनेता मास्टर रहमत के साथ...

आनन्द-बनवारी : **(एक साथ)** आपसे मिलकर बड़ी प्रसन्नता हुई।

(दोनों जरा हँसते हैं।)

भोलानाथ : ये आप क्या उठा लाए? इतनी लौकियाँ?

(कमला धीमे से कराहती है।)

बनवारी : यों ही नीचे चला गया था। बाहर बिक रही थीं, **(हँसकर)** मैंने कहा चलो...

(कमला तनिक और जोर से कराहती है।)

बनवारी : **(मुड़कर और चौंककर)** क्या बात है? क्या बात है? **(स्वर में चिंता)**

भोलानाथ : इन्हें अचानक दौरा पड़ गया, बड़ी मुश्किल से हाथ आया है। प्रायः पड़ जाया करता है दौरा... हिस्टीरिया...

बनवारी : तो आप इलाज-उपचार...?

भोलानाथ : इलाज-उपचार बहुत हुआ। कर्नल...**(फिर बात के रुख को बदलकर)** ये तो बीमार पड़ गई और **(जरा हँसकर)** लौकियाँ आप इतनी उठा लाए। **(फिर आनन्द से)** क्यों भाई आनन्द, तुम तो कहते थे...

आनन्द : मैं तो आज उपवास से हूँ, तबियत भारी है।

भोलानाथ : मैं भी खाने के मूड[1] में नहीं।

---

1. Mood

बनवारी : (अंदर रसोईघर की ओर पग उठाते हुए) तो लौकी की खीर ...हिस्टीरिया में बड़ा लाभ करती है और मैं पकाता भी अच्छी हूँ **(जरा हँसकर)** साथ ही अपने लिए भी दो रोटियाँ सेंक लूँगा और तरकारी भी लौकी की ही बन जाएगी। मेरा तो विचार है, आप भी खाएँ मजा न आ जाए तो नाम नहीं। अंदर अँगीठी तो होगी, कोयलों की आँच पर लौकी की खीर बनती भी ऐसी है कि क्या कहूँ!

(रसोईघर में चला जाता है।)

आनन्द : (धीरे से) यह ऐसे न जाएगा।

बनवारी : (रसोईघर से) क्यों भाई मसाला कहाँ है?

कमला : (लेटे-लेटे) कह दो समाप्त हो गया है।

भोलानाथ : (जरा ऊँचे स्वर में) मसाला तो मित्र, समाप्त हो गया।

बनवारी : (अन्दर से) और घी कहाँ है?

कमला : कह दो समाप्त हो गया।

भोलानाथ : (कन्धे झाड़ कर) अब यह कैसे कह दूँ?

आनन्द : (भोलानाथ से ऊँचे स्वर में) अरे घी नहीं लाए तुम, सवेरे ही भाभी ने कहा था कि घी खत्म हो गया है, कैसे गृहस्थी हो तुम !

(धीरे से शरारत की हँसी हँसता है।)

बनवारी : अच्छा एक आने[1] का घी कम-से-कम आज के लिए तो लेता आऊँ। मसाला भी नहीं, और चीनी भी...मेरा ख्याल है...नहीं! और दूध भी नहीं! मैं जाकर चन्द मिनटों में सब लाया। ये जब तक कुछ खाएँगी नहीं, कमजोरी दूर न होगी।

(चला जाता है।)

आनन्द : (आश्चर्य से) यह विचित्र अतिथि है जो अतिथि के साथ अतिथि सेवक का कर्तव्य भी पूरा कर रहा है और अपनी जेब से।

भोलानाथ : मैं जानता हूँ आनन्द, यह जोंक है, कोई और तरकीब भिड़ाओ। पाँच आने खर्च कर देगा तो क्या हुआ! गत वर्ष जाते-जाते मुझसे

1.नाटक यदि आजकल खेला जाए तो आज की महँगाई के अनुसार एक आने के बदले एक या दो रुपये कहना होगा और ऐसे ही दूसरे परिवर्तन अनिवार्य होंगे। पाँच के स्थान पर दस या बीस रुपये आदि।

पाँच रुपये ले गया था।

कमला : **(चारपाई से उछलकर)** दिए आपने पाँच रुपये।

भोलानाथ : **(कंधे झाड़ कर)** अब मैं...

कमला : और मैं पाँच पैसे माँगती हूँ, नहीं मिलते।

भोलानाथ : अब वतनी...!

कमला : **(क्रोध से)** तो भुगतिए, पाँच क्या मेरी ओर से पाँच सौ दे दे दीजिए। बस मुझे मैके छोड़ आइए!

आनन्द : **(उल्लास से उछल कर)** : ओह **(ताली बजाकर)** स्प्लैंडिड[1]...मैके ...ठीक है। जल्दी करो, भाभी को लेकर किसी पड़ोसी के यहाँ चले जाओ और वह आया तो मैं कह दूँगा, भाभी की तबियत बहुत खराब हो गई थी, आखिर भाई साहब उन्हें मैके छोड़ने चले गए—क्यों?

(प्रशंसा पाने की इच्छा से दोनों की ओर देखते हैं।)

भोलानाथ : हाँ, यह तरकीब खूब। **(पत्नी से)** तुम जरा अन्दर पड़ोसिन से बातें करना। मैं कुछ देर के लिए उनके पास बैठ जाऊँगा **(आनन्द से)** किंतु मित्र कहता हूँ यदि वह न गया!

आनन्द : उसके देवता भी जाएँगे। तुम्हारे जाते ही ताला लगाकर मैं भी खिसक जाऊँगा—बस!

कमला : वाह ! ताला लगाकर आप चले जाएँगे तो जो बर्तन वह ले गया है—वे! नहीं, आप यों कहना कि वे चले गए हैं, मैं भी जा रही हूँ। बस निकल कर घास-मण्डी तक छोड़ आना।

भोलानाथ : घास-मण्डी तक! यह ठीक है !

(ठहाका मारता है।)

आनन्द : हाँ, हाँ, पर तुम जल्दी करो, वह आ जाएगा।

भोलानाथ : हाँ हाँ, जल्दी करो **(कमला को ट्रंक खोलने के लिए जाते देखकर)** मैं कहता हूँ, नई साड़ी पहनने की जरूरत नहीं, तुम सचमुच मैके नहीं जा रही हो! और वे हमारे पड़ोसी तुम्हें इन कपड़ों में कई बार देख चुके हैं।

कमला : **(ट्रंक को जोर से बंद कर उठते हुए)** मैं पूछती हूँ...हूँ

---

1. Splendid=खूब

आनन्द : हाँ-हाँ, वहाँ पूछना। चलो-चलो...

(दोनों को धकेलते हुए ले जाते हैं।)

(पर्दा)

दूसरा दृश्य

स्थान–उसी मकान का बरामदा

(बरामदा एक ओर से, जिधर दर्शक बैठे हैं, खुला है। एक ओर बड़ी-बड़ी चिकें लगी हुई हैं जो खोल दी जाती हैं तो यह बरामदा एक लम्बा-सा कमरा बन जाता है। इस समय क्योंकि चिकें बंद, छत के साथ लटक रही हैं इसलिए बरामदे में क्या हो रहा है, इसे दर्शक भली प्रकार देख सकते हैं।

दो हल्की-हल्की बेंत की कुर्सियाँ बरामदे में बायीं ओर रखी हैं। उन पर दो वर्ष से रोगन नहीं किया गया। कुर्सियों के आगे एक बेंत की ही तिपाई रखी है जिस पर मैला-सा, कुर्सियों के रंग का नीला कपड़ा बिछा है।

बायीं ओर एक दरवाजा है, सीढ़ियों पर खुलता है। सामने दो दरवाजे हैं जो क्रमशः पहले दृश्य के दो कमरों को जाते हैं। रसोईघर शायद इन कमरों में परे अंदर की ओर को है। दरवाजे पुरानी तर्ज के हैं ओर उनके ऊपर रोशनदान हैं, जिनके शीशे शायद अभी तक नहीं लगे या टूट गए हैं। हाँ, उनकी जगह गत्ते के टुकड़े लगे हुए हैं। दो खाली चारपाइयाँ दीवार के साथ खड़ी हैं।

एक कुर्सी पर मि. आनन्द बैठे हैं, दूसरी कुर्सी पर उनके पैर हैं। उनके दायीं ओर तिपाई पर जूठे खाली बर्तन रखे हैं।

उस समय जब पर्दा उठता है, वे सिगरेट सुलगाने की फिक्र में हैं।)

आनन्द : **(उस दियासलाई को धरती पर पटक कर जो बुझ गई है)** हूँ!

(भोलानाथ सीढ़ियों के दरवाजे से झाँकता है।)

भोलानाथ : मैं कहता हूँ, हमें वहाँ बैठे-बैठे एक घण्टा हो चुका है और तुमने अभी तक आवाज नहीं दी।

(उछलकर आनन्द उसके पास आ जाते हैं)

आनन्द : मैं कहता हूँ, धीरे बोलो, वह रसोईघर में बैठा खाना खा रहा है।

भोलानाथ : **(बर्तनों की ओर देखकर)** और यह तुम?...

आनन्द : मैंने भी उपवास खोल लिया। कमबख्त, लौकी की खीर तो ऐसी

स्वादिष्ट बनाता है कि क्या कहूँ!

भोलानाथ : परंतु...

आनन्द : परंतु क्या ? जो तय हुआ था, उसके अनुसार ही मैंने सब कुछ किया। पर वह एक ही दुष्ट है।

भोलानाथ : **(सोचते हुए)** तो गया **नहीं**?

आनन्द : वह इस तरह आसानी **से न** जाएगा, ऐसे को साफ जवाब...

भोलानाथ : परंतु शिष्टता **भी कोई** चीज है...तुम नहीं समझते आनन्द!

(सिर खुजाते हुए कमरे में घूमता है)

आनन्द : साफ जवाब नहीं दे सकते तो भुगतो!

भोलानाथ : तुमने उससे कहा नहीं कि भाभी की तबियत...

आनन्द : कहा क्यों नहीं। जब वह सब चीजें वापस लेकर आया तो मैंने बुरा-सा मुँह बनाकर कहा—भाभी की तबियत तो बड़ी खराब हो गई। उन्होंने कहा कि मैं तो मैके जाऊँगी, और वे ठहरे बीवी के गुलाम। उसी क्षण लेकर चले गए।

भोलानाथ : **(अत्यन्त क्रोध में)** बीवी के गुलाम!

आनन्द : **(हँसकर और भी धीरे से भेदभरे स्वर में)** अरे वह तो मैंने केवल बात बनाने के लिए कहा था।

भोलानाथ : **(दिल-ही-दिल में क्रोध के घूँट पीकर)** हूँ!

आनन्द : यह कहकर मैं ताला उठाने के लिए बढ़ा और वह रसोईघर में चला गया। मैंने ताले को हाथों में उछालते हुए कहा—मैं तो जा रहा हूँ। कहने लगा—खाना तो खाते जाइएगा, लौकी की खीर का मजा...

भोलानाथ : और तुम्हारे मुँह में पानी भर आया?

आनन्द : नहीं, मैंने कहा—मैं तो जाऊँगा।

भोलानाथ : फिर ?

आनन्द : उसने बेफिक्री से अँगीठी में कोयले डालकर उन्हें सुलगाते हुए कहा—अच्छा तो जाइए, पर आ जाइएगा जल्दी, ठण्डी खीर का क्या मजा आएगा?

भोलानाथ : **(गुस्से से दाँत पीसकर)** हूँ!

आनन्द : तब मैंने दिल में सोचा कि यह इस तरह न जाएगा कोई दूसरी तरकीब सोचनी पड़ेगी। चाहिए तो यह था कि मैं ताला लगाकर बाहर बरामदे में मिलता, पर भाभी की तो तश्तरियों ने...

भोलानाथ : **(आकुलता से)** फिर-फिर...

आनन्द : फिर क्या, मैंने सोचा कि इन्हें यहाँ छोड़कर घर से नहीं जाना चाहिए, कहीं कोई चीज ही न उठाकर चम्पत हो जाएँ, इसलिए बात बदलकर मैंने कहा—वैसे जाने की मुझे कोई जल्दी नहीं। यह आपने ठीक कहा कि खीर का मजा ताजी पकी ही में है। लाइए देखें तो सही, आप खीर कैसी बनाते हैं? बस, उन्होंने खीर तैयार की, लौकी ही की सब्जी बनाई और हल्की-हल्की रोटियाँ सेंकीं—कमबख्त गजब की रसोई बनाता है।

भोलानाथ : **(कंधे झाड़कर निराशातिरेक से)** अब...

(सिर नीचे किए घूमता है।)

आनन्द : अब क्या, तुम भी निश्चिंत होकर चढ़ा जाओ। भूखे पेट कुछ न सूझेगा, तर माल अंदर आए तो...

(अंदर कमरे से बनवारी रूमाल से हाथ पोंछता हुआ प्रवेश करता है।)

बनवारी : **(चौंककर)** अरे! गए नहीं आप ?

भोलानाथ : **(जैसे कब्र से)** गाड़ी मिस कर गए।

बनवारी : और कमला जी?

भोलानाथ : **(चिढ़कर)** उन्हें फिर दौरा पड़ गया।

बनवारी : **(गंभीरता से)** ओहो, तो कहाँ...

भोलानाथ : वेटिंग-रूम में बिठा आया हूँ। दूसरी गाड़ी देर से जाती थी, इसलिए...

बनवारी : **(खेद के साथ अंदर को मुड़ता हुआ)** एक डिब्बे में खीर डालकर बंद किए देता हूँ। साथ ले जाइए, विश्वास कीजिए, लौकी की खीर हिस्टीरिया के दौरे में बड़ा लाभ करती है और वे प्रातः से भूखी भी तो होंगी।

भोलानाथ : **(क्रोध को छिपाते हुए)** नहीं, कष्ट न कीजिए, मैं दवाई के

साथ थोड़ा-सा दूध पिला आया हूँ।

बनवारी : आप ही लीजिए (**आनन्द की ओर देखकर**) क्यों प्रोफेसर साहब, इन्होंने भी तो सुबह का...

भोलानाथ : (**अन्यमनस्कता से**) मैं तो खाने के मूड में नहीं!

बनवारी : (**खिन्न हुए बिना**) क्यों न हों (**तनिक हँसकर**) वह एक बार किसी ने एक साधु से पूछा था—खाने का ठीक समय कौन सा है? उसने उत्तर दिया—सम्पन्न का जब मन हो और विपन्न को जब मिले। आप ठहरे धनी-मानी और हम (**हि-हि करते हुए**) निर्धन! अच्छा, पान तो लेंगे न?

भोलानाथ : (**रूखेपन से**) मैं पान नहीं खाता।

बनवारी : (**मुस्कराकर**) और आप प्रोफेसर साहब?

आनन्द : (**जो बहुत खा गया है**) मुझे कोई आपत्ति नहीं।

बनवारी : अच्छा मैं नीचे पनवाड़ी से पान ले आऊँ। (**बेपरवाही से हँसते हुए चला जाता है।**)

भोलानाथ : (**कंधा झाड़कर**) मैं कहता हूँ अब...

(**आनन्द चुप है।**)

भोलानाथ : (**आकुलता से**) आखिर अब क्या किया जाए? वह कब तक पड़ोसी के यहाँ बैठी रहेगी ? तुम तो मजे से खाना खाकर कुर्सी पर डट गए हो और हमारी आँतें...

आनन्द : भाई खाना खाने के बाद मेरी तो सोचने-समझने की शक्तियाँ जवाब दे जाती हैं, मैं तो सोऊँगा।

(**उठते हैं**)

भोलानाथ : पर तुम कहते थे, इसकी खबर लूँगा...

आनन्द : (**फिर बैठकर**) वह तो जरूर लूँगा, पर दो-चार क्षण आँख लग जाए तो कुछ सूझे।

(**तन्द्रिल आँख से भोलानाथ की ओर देखते और हँसते हैं। भोलानाथ निराश-सा हाथ कमर के पीछे रखे सोचता हुआ घूमता है।**)

भोलानाथ : उठो, हो चुका तुमसे। बाहर ताला लगाए देते हैं। स्वयं रो-पीटकर चला जाएगा। हम दोनों किसी होटल में खाना खा लेंगे।

आनन्द : (कुर्सी पर पीछे की ओर लेटकर जमाही लेते हुए) तो फिर मुझे क्यों घसीटते हो? मुझे नींद लगी है।

(फिर कुर्सी से उठते हैं।)

भोलानाथ : (जो बहुत तेजी से कमरे में घूम रहा है, अचानक रुककर) आखिर क्या मतलब है तुम्हारा ?

आनन्द : (फिर कुर्सी में धँस जाते हैं) अरे भाई, तुम बाहर ताला लगाकर जाना चाहते हो, लगा जाओ—उस दूसरे कमरे को अंदर से बंद कर जाओ और इस कमरे में बाहर से ताला लगा दो। मुझे तीन बजे प्रिंसिपल गिरधारीलाल से मिलने जाना है। मैं उस कमरे से निकलकर बाहर से ताला लगाता जाऊँगा। अब जल्दी करो, नहीं तो वह आ जाएगा।

(उठकर बाईं ओर के कमरे में चले जाते हैं।)

आनन्द : (अंदर से) लो मैं तो लेट गया। अब पान स्वप्न ही में खाऊँगा।

(भोलानाथ कुछ क्षण तक घूमता है, फिर तेजी से वह भी अंदर चला जाता है। उसकी क्रोध से भरी चिड़चिड़ी आवाज आती है।)

भोलानाथ : ताला कहाँ है? मैं कहता हूँ, ताला कहाँ है?...कमबख्त ताला ...मिल गया।

(ताला हाथ में लिए आता है और उँगली में कुंजी घुमाता है।)

आनन्द : (अन्दर से) अरे देखो यह उसका बैग बाहर रखते जाओ, नहीं तो इसी बहाने आ जाएगा।

(भोलानाथ फिर अंदर जाता है और कपड़े का पुराना भरा-सा हैंड-बैग लेकर आता है। हैंड-बैग को बाहर दीवार के साथ टिका देता है और दरवाजा बंद करके ताला लगाने लगता है कि अंदर से प्रोफेसर आनन्द की आवाज आती है।)

—सुनो-सुनो

भोलानाथ : (फिर जल्दी से किवाड़ खोलकर) कहो !

आनन्द : अरे बर्तनों को अंदर रखते जाओ! **(बर्तन लेकर)** और यह तिपाई और कुर्सी भी दे दो।

(भोलानाथ जल्दी-जल्दी तिपाई और कुर्सियाँ देता है, फिर जल्दी-जल्दी ताला लगाता है। जल्दी में चारपाई से ठोकर खाता है और बड़बड़ाता हुआ चला जाता है।

कहीं बाहर घड़ियाल 'टन' 'टन' करके दो बजाता है।

बनवारीलाल मुँह में पान दबाए और कागज में लिपटी पान की एक गिलौरी एक हाथ में

थामे दाखिल होता है।)

बनवारी : **(दरवाजे लगे हुए देखकर आवाज देता है)** भोलानाथ! भोलानाथ! **(फिर कमरे में ताला और बाहर अपना बैग पड़ा देखकर चौंकता है, मुस्कराता है। फिर अपने आप–)** खैर अभी तो मैं सोऊँगा।

(चारपाई बिछाता है, जो दूसरे कमरे के दरवाजे को बिल्कुल रोक लेती है। उस पर लेट कर सिगरेट सुलगाता है और एक-दो कश लगाकर करवट बदल लेता है।)

(पर्दा गिरता है)

(कुछ क्षण बाद पर्दा फिर उठता है और बनवारी लाल नींद में सोया, दिखाई देता है, उसके खर्राटों की आवाज साफ सुनाई देती है।)

(पर्दा)

तीसरा दृश्य

(पर्दा धीरे-धीरे उठता है। दृश्य वही। बनवारीलाल करवट बदलता है। अंदर घड़ी में तीन बजते हैं, वह धूप की ओर देखता है।)

बनवारी : **(अपने आपसे)** ओह, धूप कहाँ चली गई?

(ऊपर रोशनदान का गत्ता हिलता है और किसी का हाथ बाहर निकलता है। वह चुपचाप करवट बदल लेता है।

धीरे-धीरे गत्ते को हटाकर प्रो. आनन्द सूट-बूट पहने रोशनदान में से बड़ी कठिनाई से उतरने का प्रयास करते हैं।)

बनवारी : **(जैसे किसी की आहट से चौंक कर)** कौन है? **(फिर चौंक कर और उठकर)** कौन, कौन रोशनदान से अंदर दाखिल होने का प्रयास कर रहा है? **(शोर मचाता है)** चोर...चोर...दौड़ियो...भागियो!

आनन्द : मैं हूँ आनन्द।

(आवाज गले में फँसी हुई है।)

बनवारी : **(पूर्ववत् स्वर में घबराहट लाकर)** चोर...चोर...दौड़ियो... भागियो!!

(चार-पाँच आदमियों के भागते आने का स्वर। एक मारवाड़ी, एक हिंदुस्तानी और दो एक पंजाबी सीढ़ियों में प्रवेश करते हैं।)

मारवाड़ी : **(जिसकी साँस अभी तक फूल रही थी)** काई छे बाबू साब, काई छे?[1]

हिन्दुस्तानी : क्या बात है भाई, क्या बात है?

पंजाबी : **(सबको पीछे धकेल कर)** की गल ऐ, की गल ऐ, किद्धर चोरी होई है, किद्धर?[2]

बनवारी : **(आनन्द की ओर संकेत करके)** यह देखिए आजकल के बेकार जैंटलमैन। कोई काम न मिला तो यही व्यवसाय अपना लिया। दिन-दहाड़े डाका डाल रहे हैं। मेरे मित्र हैं न पण्डित भोलानाथ। मैं उनसे मिलने के लिए आ रहा था। देखता हूँ तो ये अंदर घुसे जा रहे हैं। वह बैग शायद पहले निकालकर रख चुके थे। **(व्यंग्य से आनन्द की ओर देखकर)** उतरिए महाशय, अब जरा चंद दिन बड़े घर की रोटियाँ तोड़िए।

हिंदुस्तानी : **(आगे बढ़कर)** यह बैग उठा रहे थे।

बनवारी : न-न, इसे हाथ न लगाइएगा। इसमें सब गहने भरे होंगे, पुलिस ही आकर खोलेगी।

आनन्द : **(बिल्कुल घबरा गया है)** मैं...मैं जो...।

मारवाड़ी : अबे साला, मैं-मैं क्या, नीचे उतर! मार-मारकर भूँस बना देंगे!

हिंदुस्तानी : **(दार्शनिक भाव से)** आजकल की बेकारी ने नौजवानों को चोर और डाकू बना दिया है!

पंजाबी : ओए, उतर ओए! ओथेई की टंगया गया एँ। सूट ताँ वेखो जिवें नाहडूखाँ दा साला होंदा ऐ![3]

(आगे बढ़कर आनन्द को पाँव से पकड़कर घसीटता है। वह धम से फर्श पर गिरता है। पंजाबी युवक दो-चार चौरस थप्पड़ उसके मुँह पर लगा देता है।

आनन्द : **(क्रोध और अपमान से जलकर)** मैं पण्डित भोलानाथ का मित्र प्रो. आनन्द...

1.क्या है बाबू साहब, क्या बात है?

2.क्या बात है, क्या है, किधर चोरी हुई है किधर?

3.अबे उतर, वहाँ ही क्या टँग गया है, सूट तो देखिए जैसे नाहडूखाँ का साला होता हो।

पंजाबी : चल-चल, प्रोफेसर दा बच्चा; जा के थाने वालयाँ नू दस्सीं कि तू प्रोफेसर हैं जां प्रिंसिपल।[1]

(सब ठहाका मारते हैं।)

बनवारी : मैं भी तो उनका मित्र हूँ, लेकिन उनकी अनुपस्थिति में मकान तो नहीं तोड़ता फिरता।

मारवाड़ी : आजकल जमानो ऐसोई छै बाबू जी! काई करयो जाए![2]

बनवारी : **(गरजकर)** क्या किया जाए! मैं अभी पुलिस को टेलीफोन करता हूँ। आप इसे पकड़ रखें **(जाते हुए)** और देखिए बैग को हाथ न लगाइएगा।

(कई और व्यक्ति आते हैं।)

आने वाले : क्या बात है? क्या हुआ ? क्या हुआ?

मारवाड़ी : यह चोर चौड़े-दिहाड़े चोरी कर रहो छो शाब![3]

हिंदुस्तानी : **(व्यंग्य से)** जैण्टलमैन चोर!

आनन्द : मैं कहता हूँ...

पंजाबी : **(एक और थप्पड़ जमा कर)** तू की कहना एँ, नाले चोर नाले चतुर![4]

(भीड़ को चीरता हुआ भोलानाथ आता है।)

भोलानाथ : क्या बात ? क्या बात ?

मारवाड़ी : बच गया छे शाब, थाके चोरी कर रहयो छो।[5]

हिंदुस्तानी : समझिए बच गए। आपके मित्र ने इसे ठीक मौके पर चोरी करते पकड़ लिया।

आनन्द : **(जिसका साहस भोलानाथ के आने से बढ़ गया है)** मैं कहता हूँ...

1.चल प्रोफेसर का बच्चा, जाकर थाने वालों को बताना कि तू प्रोफेसर है या प्रिंसिपल।

2.आजकल का जमाना ऐसा ही है बाबूजी, क्या किया जाए।

3.यह चोर दिन-दहाड़े चोरी कर रहा था साहब!

4.तू क्या कहता है, चोर और फिर चतुर।

5.साहिब बच गए आप, यह आपके चोरी कर रहा था।

मारवाड़ी : (लपक कर) तूँ काई छे?[1]

हिंदुस्तानी : (अदा से) यह कहता है...

पंजाबी : ऐह केहँदा ऐ (**चबा-चबा कर**) नाले चोर, नाले चतुर! ऐह हैंडबैग कित्थे लै चलिया सी...[2]

(सब हँसते हैं।)

भोलानाथ : (**बढ़कर पंजाबी की गिरफ्त से आनन्द को छुड़ाता हुआ**) छोड़िए-छोड़िए, आप सब जाइए। ये मेरे मित्र हैं, मैं इनसे निपट लूँगा।

हिंदुस्तानी : लेकिन चोरी...

भोलानाथ : मैं कहता हूँ, इन्होंने कोई चोरी नहीं की। आप जाइए। मेरी पत्नी को आना है, आप सीढ़ियाँ रोके हैं।

(वे बड़बड़ाते हुए चले जाते हैं।)

पंजाबी : (रुककर) पर ओह बाबू।

भोलानाथ : (**चीख कर**) वह शैतान गया नहीं?

(पंजाबी जल्दी-जल्दी चला जाता है।)

आनन्द : वह तो पुलिस में रिपोर्ट लिखाने गया है।

भोलानाथ : आखिर क्या हुआ?

आनन्द : होता क्या? सब उसकी बदमाशी है।

भोलानाथ : आखिर बात क्या हुई?

आनन्द : होता क्या ? तुम्हारे जाने के बाद मैं लेट गया तो कुछ ही देर बाद वह आया। पहले तुम्हें आवाजें दीं फिर शायद ताला देख बड़बड़ाया। चारपाई घसीट कर बिलकुल उस दरवाजे के आगे बिछाकर लेट गया मैं...

भोलानाथ : तुम्हारे साथ ऐसा ही होना चाहिए था, कहा न था कि चलो हमारे साथ।

आनन्द : साढ़े तीन बजे मुझे प्रिंसिपल साहब से मिलना था। आखिर प्रतीक्षा करके मैं तैयार हुआ, पर जाऊँ किधर से? मैं तिपाई पर चढ़कर

1.तू क्या कहता है?

2.यह हैंड बैग कहाँ ले चला था।

रोशनदान तक चढ़ा, फिर उतरने वाला था कि उसे बाहर ही सोते छोड़कर चल दूँ।

भोलानाथ : और वह तुम्हारा भी गुरु निकला। मैंने कहा था न कि अव्वल दर्जे का पाजी है।

आनन्द : उसने तो शोर मचा दिया, इतने आदमी इकट्ठे कर लिए और पंजाबी ने तो कई थप्पड़ मेरे मुँह पर जड़ दिए।

(बनवारी प्रवेश करता है।)

बनवारी : **(जैसे कुछ जानता ही नहीं)** ये विचित्र दोस्त हैं आपके! यह तो सब कुछ उठाकर ही ले चले थे।

भोलानाथ : आपको शर्म नहीं आती, ये तो अंदर ही थे।

बनवारी : पर मुझे क्या पता था, मैंने आवाजें दीं, ये बोले तक नहीं।

भोलानाथ : सो रहे होंगे।

बनवारी : तो जब जगे थे, तब मुझे आवाज देते, रोशनदान से उतरने की क्या आवश्यकता थी...?

भोलानाथ : अच्छा हटाइए इस मामले को। कमला की तबीयत खराब हो रही है। मैं इसी गाड़ी से गुरदासपुर ले जाऊँगा। चलो आनन्द तुम मेरे साथ चलो। अब प्रिंसिपल साहब से कल मिल लेना।

बनवारी : आप गुरदासपुर जा रहे हैं। आपका ससुराल तो नवाँ शहर है?

भोलानाथ : वहाँ कमला के बड़े भाई रहते हैं।

बनवारी : **(चौंक कर)** भाई!

भोलानाथ : म्युनिसिपल कमेटी में हैड क्लर्क हैं।

बनवारी : म्युनिसिपल कमेटी में **(उल्लास से हल्की-सी ताली बजाकर)** यह आपने अच्छी खबर सुनाई। मैं स्वयं परेशान था। वहाँ म्युनिसिपल कमेटी में मुझे काम है। गुरदासपुर में मेरा कोई परिचित नहीं था। अब आप साथ होंगे तो सब कुछ सुगमता से हो जाएगा। ठहरिए मैं यह बैग उठा लूँ।

(बढ़कर बैग उठाता है।)

(पर्दा)

यह मेरी जन्मभूमि है

पात्र

कर्नल होम्स : एक अँग्रेज सैनिक अफसर
मिस होम्स : कर्नल होम्स की पुत्री
रायसाहब सीताराम : एक अँग्रेज-भक्त देशद्रोही रईस
गुलाम मुहम्मद : एक अँग्रेज-भक्त देशद्रोही मुस्लिम
मनोहरलाल : रायसाहब सीताराम का पुत्र
वली मुहम्मद : गुलाम मुहम्मद का पुत्र
जुलूस की भीड़, सैनिक दल आदि

पहला दृश्य

(स्थान–कर्नल होम्स का बंगला। समय–दोपहर के दो बजे। कर्नल होम्स अपनी फौजी पोशाक पहन रहे हैं। कमरे की छत में लगा हुआ बिजली का पंखा तीव्र गति से घूम रहा है। कालेज से लौटकर बिजली-सी गति से कर्नल होम्स की 20 वर्षीय लड़की मिस होम्स कमरे में प्रवेश करती है। कुछ बेचैन-सी जान पड़ती है। बड़ी झुंझलाहट के साथ पुस्तकें अलमारी में फेंक देती है और एक आराम-कुर्सी पर धम से पड़ रहती है।)

मिस होम्स : ओह, कितनी गरमी है! मेरा तो सिर चकरा गया! !

कर्नल होम्स : यही तो इस मुल्क में खराबी है। यहाँ की आबोहवा आदमी की काम करने की ताकत छीन लेती है। ऐसी गरमी में भी हमें काम करना पड़ता है। तुम तो बेटी पसीने-पसीने हो गई हो। तुमसे कितनी

बार कहा, बेटी, तुम कार में बैठकर कालेज जाया करो। लेकिन तुम पैदल ही जाती हो!

मिस होम्स : पापा, कार में बैठते हुए शर्म मालूम होती है। इस कड़ी गरमी में कितने ही आदमी सड़कों पर गिट्टी कूटते नजर आते हैं, कितने ही ऐसे लोग मिलते हैं जिनके बदन पर कपड़े नहीं हैं, सिर पर टोप तो क्या एक टोपी भी नहीं है, कितने ही ऐसे भिखारी बच्चे मिलते हैं जो एक पैसे के लिए एक-एक फर्लांग ताँगों के पीछे दौड़ते चले जाते हैं। पापा, ऐसे लोगों के बीच मैं मोटर में बैठकर कैसे जाऊँ ?

कर्नल होम्स : तुझ पर गाँधी या लेनिन की छाया पड़ गई है। हाँ, यह तो तूने नहीं बताया कि आज कालेज से जल्दी क्यों लौट आई?

मिस होम्स : कालेज के करीब-करीब सभी 'स्टूडेण्ट्स' की मर्जी थी कि आज जुलूस में शामिल हुआ जाए। दस-बीस लड़कों ने कालेज में बैठना पसंद किया, बाकी चले आए। मैं भी चली आई।

कर्नल होम्स : क्यों?

मिस होम्स : इसलिए कि मैं अपने हिंदुस्तानी भाइयों का दिल दुखाना नहीं चाहती थी। आप इस गरमी में फौजी ड्रेस पहनकर कहाँ जाने की तैयारी कर रहे हैं?

कर्नल होम्स : ड्यूटी पर ? आज कांग्रेस ने मिस्टर गाँधी की गिरफ्तारी के विरोध में जो जुलूस निकालना तय किया है, कलक्टर साहब ने उसे न निकालने का हुक्म दिया है और कांग्रेस ने हुक्म न मानने पर कमर कसी है।

मिस होम्स : तो इसमें आप क्या करेंगे?

कर्नल होम्स : हथियारों के जोर पर सरकारी हुक्म की पाबन्दी करूँगा। अगर सरकारी हुक्मों की बेइज्जती सह ली गई तो अंग्रेजों का राज्य यहाँ कैसे कायम रह सकता है? अभी जुलूस निकलेगा, शाम को जलसा होगा जिसमें अंग्रेजी राज्य को उखाड़ फेंकने के लिए लोगों को बहकाया जाएगा।

मिस होम्स : तो इसमें कानून के खिलाफ कौन-सी बात है। हिंदुस्तानी लोग अपना हक चाहते हैं। वे आजादी माँगते हैं।

(कर्नल साहब पूरी पोशाक पहन चुके हैं और कमरे में चहलकदमी करने लगे हैं।)

कर्नल होम्स : हक चाहते हैं! आजादी माँगते हैं!! इस आजादी का मतलब क्या है? तुम जानती हो? बेटी, हम अपने नहीं, इन हिंदुस्तानियों के भले के लिए ही आए हैं। हमारा राज इस देश में अमन और कानून की हिफाजत करने के लिए है। तुमने हिस्ट्री पढ़ी है। तुम जानती हो हमारे आने के पहले यहाँ क्या हाल था? मुसलमान, मराठे, राजपूत, ठग, पिंडारी वगैरा ने लड़ाई, ठगी, डकैती से मुल्क बरबाद कर रखा था। हमने उन्हें अमन से रहना सिखाया है।

मिस होम्स : हमने उनकी जिंदगी छीन ली है। उन्हें डरपोक और नामर्द बना दिया है। अमन और कानून की हिफाजत के नाम पर, तहजीब और तालीम के बहाने उनकी नसों में मौत का पानी भर दिया है। हमने धीरे-धीरे जहर दे-देकर उन्हें मौत के घाट पर पहुँचाया है।

कर्नल होम्स : तुम भी ऐसा कहती हो, बेटी!

मिस होम्स : हाँ, मैं भी ऐसा कहती हूँ पापा! अँग्रेजों के बनाए हुए इतिहासों को पढ़कर नहीं, कालेज में जो नौजवान पढ़ते हैं, उनके चेहरों को, उनके रहन-सहन को देखकर कहती हूँ। वे विदेशी कपड़ों में, साहबी ठाट में अकड़े हुए टेसू अपने-आपको मानो खुदा समझते हैं, लेकिन जिन्हें अपने मुल्क की गैरत नहीं वे क्या इंसान हैं? हमने इस देश के धन्धे छीन लिए, तालीम ने लोगों की धन्धे करने की आदत छुड़ा दी, वे नौकरियों के लिए दर-दर घूमने लगे, अब हम उन्हें जी चाहे जैसे नाच नचाते हैं। मुगलों ने इस देश को सिर्फ फतह किया था, मारा नहीं था, हमने इसे फतह नहीं किया, बल्कि मार डाला।

कर्नल होम्स : तुम्हारी बातें मैं नहीं समझ पाता बेटी।

मिस होम्स : आप फौजी आदमी हैं। आपने अपने दिमाग को आजाद होकर सोचने देने की तकलीफ नहीं दी, लेकिन मैं जो महसूस करती हूँ, साफ-साफ करती हूँ। मैं अँग्रेज लड़की हूँ, उस अँग्रेज कौम की जिसने आजादी के लिए अपने बादशाह के सिर को कलम कर देने में पाप नहीं माना। हमें कदर करनी चाहिए उन लोगों की जो अपने मुल्क को आजाद करना चाहते हैं, जो दुनिया में इंसान बनकर रहना चाहते

हैं। हमें मुगलों के इतिहास से कुछ सीखना चाहिए। वे यहाँ हिंदुस्तानी बनकर रहे, यहाँ की दौलत को उठाकर तुर्किस्तान नहीं ले गए, उन्होंने यहाँ के बाशिंदों को अपने बराबर दरजा दिया। वे यहाँ एकजान हो गए। पापा, क्या हम ऐसा नहीं कर सकते? क्या हम हिंदुस्तान की गरीबी दूर नहीं कर सकते ?

कर्नल होम्स : तुम्हारी तरह सभी अँग्रेज सोचने लगें तो कर्नल होम्स इंग्लैंड के किसी गाँव में मुर्गी पालते नजर आएँ। लंकाशायर की फैक्ट्रीज पर ताले पड़ जाएँ। लंदन के आसमान को छूने वाले मकानात मिट्टी में मिल जाएँ, अपने घर को बरबाद करके दूसरों के घर को...

मिस होम्स : आजाद कैसे किया जाए? यही तो आप कहना चाहते हैं। हमें इतना लालच क्यों हो कि उसके लिए हमें 40 करोड़ लोगों को दाने-दाने के लिए मोहताज बनाना पड़े?

कर्नल होम्स : तुम तो ठीक हिंदुस्तानियों की तरह बात करती हो?

मिस होम्स : हिंदुस्तानियों की तरह ! मैं हिंदुस्तानी नहीं तो क्या हूँ! अँग्रेज की बेटी हूँ लेकिन मेरा जन्म हिंदुस्तान में हुआ है। यह मेरी जन्मभूमि है।

(राय साहब सीताराम का प्रवेश। सीताराम की आयु पचास से ऊपर है। आप शहर के धनी-मानी रईस हैं। हिंदू-हितों के लिए प्राण देने की निरंतर घोषणा करते रहने वालों में हैं। सरकारी क्षेत्रों में उनका प्रवेश और विश्वास है।)

कर्नल होम्स : आइए, राय साहब सीताराम !

(दोनों हाथ मिलाते हैं, पास-पास कुर्सियों पर बैठते हैं। राय साहब रूमाल से कपाल का पसीना पोंछते हैं।)

कर्नल होम्स : कहिए शहर की क्या हवा है? जुलूस कैसा निकलेगा?

राय साहब : जुलूस तो निकलेगा। लेकिन...

कर्नल होम्स : लेकिन क्या...

राय साहब : वही जो मैं आपसे कह चुका हूँ। हम लोग अँग्रेज हुकूमत के वफादार खादिम हैं। ऐसे चाल चलेंगे कि काँग्रेसी जिंदगी भर जुलूस निकालने का नाम न लें। सच बात तो यह है कर्नल साहब, कि मैं तो दिल से हिंदुस्तान में अँग्रेजी हुकूमत चाहता था। जो लोग अँग्रेजी हुकूमत से छुटकारा चाहते हैं वे खुदकुशी करने पर आमादा हैं। उधर

रूस, इधर जापान, एक भालू, एक भेड़िया। उनके आगे गाँधी की अहिंसा कैसे चलेगी? मैं तो हिंदुस्तान की भलाई के लिए ही काँग्रेस का अन्त चाहता हूँ। अच्छा अब मैं जाता हूँ। क्योंकि आप जानते ही हैं, मुझे अभी बहुत-कुछ करना है।

(सीताराम खड़े होते हैं। कर्नल होम्स भी खड़े होकर हाथ मिलाते हैं। राय साहब का प्रस्थान।)

कर्नल होम्स : देखा बेटी, इन्हीं लोगों की तुम वकालत करती हो? इनकी आत्मा...

मिस होम्स : उसे हमने मार डाला है। हमने इनकी इंसानियत को खुदगरजी के पहाड़ के नीचे दबा दिया है।

(एक साठ वर्षीय मुसलमान नेता का सफेद लम्बी दाढ़ी पर हाथ फेरते हुए प्रवेश)

कर्नल होम्स : आइए, हाजी गुलाम मुहम्मद साहब!

(दोनों पास बैठते हैं।)

कर्नल होम्स : अभी-अभी राय साहब सीताराम यहाँ से गए हैं।

गुलाम मुहम्मद : जी हाँ, उनसे मुलाकात हुई थी।

कर्नल होम्स : क्या मुसलमान भी जुलूस में शामिल हो रहे हैं ?

गुलाम मुहम्मद : कुछ पढ़े-लिखे बेवकूफ, जिन्होंने कुछ रूसी किताबें पढ़ ली हैं या कुछ बेकार और गरीब लोग। अमीर मुसलमानों में से कोई भी कांग्रेस का साथ नहीं देगा। दें भी तो मैंने सोच रखा है कि इस बार काँग्रेस को ऐसा सबक पढ़ाया जाए कि खुदा कसम, लाख कोशिश करने पर भी फिर कभी मुसलमान उसके साथ न आएँ।

कर्नल होम्स : शुक्रिया! अब हम लोग चलें।

(कर्नल होम्स और हाजी गुलाम मुहम्मद का प्रस्थान।)

मिस होम्स : **(सहसा खड़ी होकर)** कैसी खतरनाक साजिश है। हिंदू और मुसलमान अपने ही मुल्क, अपने ही नेशन के खिलाफ बेईमानी क्यों करने चले हैं? कुछ तमगों, कुछ खिताबों और बेईमानी से कमाई हुई जायदादों को कायम रखने के लिए! इंसानियत का सबसे ऊँचा खयाल है आजादी, सबसे पहली ख्वाहिश है आजादी, सबसे प्यारी चीज भी है आजादी, उसे चंद सिक्कों की खातिर ये बेच देना चाहते हैं। मैंने भी हिंदुस्तान का अन्न खाया है, क्या मेरा उसके लिए कोई फर्ज

नहीं। जाऊँ, शायद कुछ कर सकूँ।

(फुर्ती से प्रस्थान)

(पट-परिवर्तन)

दूसरा दृश्य

(राय साहब के मकान का सामने वाला हिस्सा। स्वयं-सेविकाओं का एक दल झण्डा लिए गाता हुआ बढ़ रहा है। उनका पुत्र मनोहर विस्मय-विमुग्ध-सा यह दृश्य देख रहा है।)

स्वयं-सेविकाओं का दल : (सम्मिलित स्वर से–)

हम झण्डे का मान रखेंगी!

धवल हिमालय की चोटी पर,
इसको फहरावेंगी फर-फर,
इससे भूषित होगा घर-घर,
गूँजेगा आजादी का स्वर,
हम प्राणों में प्राण भरेंगी।
हम झण्डे का मान रखेंगी।

हमें रोकने वाले आवें,
गोली-गोले भी बरसावें,
हम ज्वाला को गले लगावें,
हँस-हँस माँ पर प्राण चढ़ावें,
हम जननी की शान रखेंगी।
हम झण्डे का मान रखेंगी।

आजादी के गीत गाने,
चलीं देश को आज जगाने,
आवें जननी की संतानें,
आजादी के बन परवाने,
मन-मन में तूफान भरेंगी।
हम झण्डे का मान रखेंगी।

(गाते-गाते दल का प्रस्थान)

मनोहर : कैसा प्यारा और पावन दृश्य है यह ! मेरे सोये हुए प्राण भी मानो करवट बदलने लगे हैं। आँखों के आगे भारत का गौरवमय अतीत नाचने लगा है। कहाँ गया हमारा विश्व-व्यापी साम्राज्य? आज हमने अपने कंधों पर गुलामी का जुआ लाद रखा है।

(मोटर ड्राइवर का प्रवेश।)

मोटर ड्राइवर : बाबू साहब, मोटर तैयार है। रेस-कोर्स चलेंगे न ?

मनोहर : आज मैं नहीं जाऊँगा। मोटर को गेराज में छोड़ दो।

(मोटर-ड्राइवर का प्रस्थान।)

मनोहर : यह है हमारा जीवन! जिस समय इस नगर के हजारों युवक-युवतियाँ, वृद्ध-वृद्धाएँ, बालक-बालिकाएँ राष्ट्रीय झण्डे के नीचे, सरकारी आज्ञा की अवहेलना करते हुए, अपने हृदय-सम्राट महात्मा गांधी के प्रति अपना आदर और विश्वास-प्रकट करने के लिए जा रहे हैं, मुझे रेस-कोर्स जाने की सूझी थी। यही तो कारण है कि हम गुलाम हैं।

(बँगले में खानसामा का प्रवेश।)

खानसामा : चाय तैयार है !

मनोहर : जाओ, मैं आता हूँ।

(खानसामा का प्रवेश।)

मनोहर : चाय तैयार है! कैसा घृणित जीवन है हमारा! हमारे दिल में देश के लिए जरा-सा भी दर्द नहीं है। आज मेरे पास लाखों की सम्पत्ति है। मुझे अनुभव ही नहीं होता कि देश अभाव की आग में जल रहा है! पर जब किसी स्वतन्त्र देश के युवक के सामने जाता हूँ तो मेरी आँखें नीची हो जाती हैं। मैं शर्म से जमीन में गड़ जाना चाहता हूँ। उस समय मुझे यह धन-सम्पत्ति-ऐश्वर्य अभिशाप जान पड़ता है। इन्होंने मेरे प्राणों को बाँध लिया है, मैं आज देश के स्वर में स्वर मिलाकर आजादी का गीत भी नहीं गा सकता।

(मिस होम्स का प्रवेश।)

मनोहर : ओहो, आप हैं, मिस होम्स! आज इधर किधर भूल पड़ीं?

मिस होम्स : अक्सर आप भूल किया करते थे, आज मैंने भूल करने की

ठान ली। आज कैसी खुशी का दिन है भाई मनोहरलाल, आज आपके शहर ने इंसानियत का सुबूत दिया है। इंसानियत के कानूनों के खिलाफ जो हुक्म है उसको न मानना, गोली-गोलों की परवाह न करके जुलूस निकालने की हिम्मत करना इस बात का सुबूत है कि हमारा देश जल्द आजाद होगा।

मनोहर : हमारा देश! मिस होम्स, यह आप क्या कहती हैं ? यह आपका देश है?

मिस होम्स : ओह, मैं अँग्रेज के घर पैदा हुई हूँ, क्या इसलिए हिंदुस्तानी नहीं हूँ ? अरे भाई, जो जिस देश में रहता है वह उसी राष्ट्र का अंग है और फिर मनोहर भाई, अँग्रेज होकर भी क्या मुझे हिंदुस्तानियों के खयालातों की इज्जत नहीं करनी चाहिए। मैं आपसे पूछने आई हूँ कि आज आप क्या कर रहे हैं? देश में जो जोश की लहर उठ रही है उसने आपके दिल को हिलाया या नहीं? मेरे साथ आप कई बार टेनिस खेले हैं, सिनेमा गए हैं, नावों पर सैर की है। मैं आपके दिल को जानती हूँ।

मनोहर : क्या जानती हैं?

मिस होम्स : यही कि उसमें भी दर्द है। गुलामी को जलाकर खाक करने की ख्वाहिश है। लेकिन यह आग अभी छोटी-सी चिनगारी है। मैं उसे फूँक मारकर जलाने आई हूँ।

मनोहर : आप मजाक करती हैं।

मिस होम्स : आप मुझे दुश्मन समझते हैं, मनोहर! अपने देश का दुश्मन समझते हैं? बदकिस्मती है मेरी कि मैं अँग्रेज हूँ, एक फौजी अफसर की बेटी हूँ, लेकिन राय साहब सीताराम के लड़के मनोहरलाल में देश के लिए प्रेम हो सकता है, तो क्या कर्नल होम्स की लड़की में इंसानियत नहीं हो सकती? मैं आई हूँ आपसे मदद लेने, आपके पिताजी ने जो साजिश की है उसे नाकामयाब बनाने के लिए आपसे मदद लेने।

मनोहर : मैं जानता हूँ, पिताजी को स्वार्थ ने अंधा कर दिया है। आज के जुलूस को विफल करने के लिए वे प्रयत्न कर रहे हैं। मैं अपने प्राण देकर भी प्रयत्नों को विफल करने को प्रस्तुत हूँ।

मिस होम्स : शाबाश भाई मनोहरलाल! हमें प्राणों पर खेलकर इस शहर की गलियों को हिंदू-मुसलमानों के खून से रँगे जाने से बचाना चाहिए।

(हाजी गुलाम मुहम्मद के पुत्र वली मुहम्मद का प्रवेश।)

मिस होम्स : आप भी आ गए वली मुहम्मद!

वली मुहम्मद : जी हाँ, मिस होम्स! मैं आपकी तलाश में था।

मिस होम्स : मैं आपके यहाँ आने ही वाली थी।

वली मुहम्मद : खुशकिस्मती मेरी?

मिस होम्स : लेकिन भाई, आपके वालिद जो मुल्क की बदकिस्मती को बढ़ाने चले हैं उसका भी कोई इलाज सोचा है आपने? वे जो अँग्रेजों के हथियार बनकर हमारी आशाओं पर पानी फेरने चले हैं उसके विषय में क्या करना चाहते हैं।

वली मुहम्मद : मुझे जो कुछ करना है मैं सोच......आखिरी सलाम करने आया हूँ......रहा हूँ। मेरे वालिद साहब ने........जमा किया है मैं उनके कदमों......करूँगा खुदा के नाम पर इस्लाम के नाम पर अर्ज करूँगा कि वे शैतान न बनें। मुस्लिम कौम पर आजादी की लड़ाई के रोड़े बनने के कलंक को न लगने दें। गरीब मुसलमान अनपढ़ और भोले हैं। वे इन नवाबों और खानबहादुरों के चक्कर में पड़कर, उनकी गरीबी और गुलामी को मिटाने की कोशिश करने वाली काँग्रेस की मुखालफत करने लगते हैं। मैं उन्हें समझा दूँगा। मिस होम्स!

मनोहर : और अगर वे नहीं माने।

वली मुहम्मद : नहीं माने तो मैं उन लोगों के सामने अपने हाथ से कलेजे में छुरी मारकर मर जाऊँगा। इससे शायद वालिद साहिब की आँखें खुल जाएँ, शायद मुस्लिम कौम के बंदे अपने दिल के भीतर झाँक कर सचाई को जानने लगें। मेरे मरने के बाद शायद वे समझें कि आजादी की भी कुछ कीमत है।

मिस होम्स : शाबाश वली मुहम्मद ! हम तीनों ही अपने बालदैन के खिलाफ बगावत करेंगे। चलो चहाँ से चलें

(तीनों का प्रस्थान)

(पट-परिवर्तन)

तीसरा दृश्य

(स्थान–मस्जिद के सामने का हिस्सा। कर्नल होम्स, मिस्टर सीताराम और मौलवी गुलाम मुहम्मद का बातें करते हुए प्रवेश।)

कर्नल होम्स : इस शहर में पहले कभी इतना शानदार जुलूस नहीं निकला। यह जानते हुए कि आज जेल, लाठी और मौत का सामना करना पड़ सकता है लोगों का समूह उमड़ आया है। गाँधी के नाम में ही कुछ जादू है। इससे जान पड़ता है कि अँग्रेजी राज्य की तरफ से हिंदुस्तानियों के दिल फिर चले हैं।

सीताराम : ऐसी बात नहीं है, कर्नल साहब! यह तो भूखे और बेकार लोगों का मजमा है। और इनमें भी दृढ़ता नहीं है। यह जुलूस तो बुझते हुए चिराग की भभक है। महात्मा गाँधी ने अपने ऊपर जो धार्मिकता का, आध्यात्मिकता का पर्दा डाल रखा है उसी से कुछ लोग उनकी तरफ आकर्षित हुए हैं, नहीं तो अँग्रेजी शासन के प्रति किसी को शिकायत नहीं है। मेरी तो ऐसी धारणा है।

गुलाम मुहम्मद : और अभी मस्जिद में से 'या! अली' के नारे लगने दीजिए। ये लोग ऐसे भागेंगे मानो ऊपर आसमान से बिजली गिर रही है। मानो नीचे जलजला आ रहा है।

(पास ही से गाने की आवाज आती है)

हम आजादी के परवाने।
हमने देखा है उजियाला,
अपनी ओर बुलाने वाला,
देखा उसका हुस्न निराला,
चले आग को गले लगाने।
हम आजादी के परवाने।।
आवें हमें मिटाने वाले,
हम पर तोप चलाने वाले,
हम हैं जान लुटाने वाले,
आए, मर-मरकर जी जाने।
हम आजादी के परवाने।।

कर्नल होम्स : यह तो एक नया ही जुलूस-सा जान पड़ता है। सभी तुर्की टोपी पहने हैं। वह देखो न हाजी साहब, आपकी मस्जिद में से टिड्डियों के झुण्ड की तरह निकल रहे हैं। उनके हाथ में भी तिरंगा झण्डा है।

गुलाम मुहम्मद : मैं खुद हैरान हूँ, कर्नल साहब! ये तो मेरे अपने आदमी हैं। किसी ने इन्हें बहकाया है। हम मुसलमानों में भी दगाबाजों की कमी नहीं है। लेकिन कोई फिक्र नहीं, मैं उन्हें रास्ते पर लाता हूँ।

(प्रस्थान)

कर्नल होम्स : रास्ते पर लाता हूँ? मैं सब समझता हूँ हाजी साहब ! तुम सब एक ही थैली के चट्टे-बट्टे हो। मुझे ही धोखा देते हो। और राय साहब आपके आदमी...

सीताराम : जी, वे अभी तक आए ही नहीं!

कर्नल होम्स : आए ही नहीं! तो आपने क्या खाक किया है? वैसे ही आप रायबहादुर बन जाना चाहते हैं। आपका लोगों पर असर ही क्या है?

सीताराम : उन्हें किसी ने बहका दिया है।

(कुछ सिपाही मशीनगन लेकर आते हैं और उसे सड़क के बीच में खड़ी कर देते हैं।)

कर्नल होम्स : तो फिर यह मशीनगन ही इन आजादी के दीवानों को होश में लाएगी। आप लोग किसी काम न आ सके। इन लोगों को गुस्ताखी की सजा अपने आप मिल जाती और...

सीताराम : और सरकार बदनामी से बच जाती!

कर्नल होम्स : आप भी छींटा कसते हैं, रायसाहब! हमें सरकारी हुक्म की इज्जत रखना लाजिम है। अँग्रेजी राज्य की शान को हम जरा भी नहीं झुकने देना चाहते। सरकारी कानून को तोड़ने की जुर्रत। इसे अगर गवारा किया गया तो जल्दी ही हम लोगों को बोरिया-बदना बाँधकर इंगलैंड का रास्ता नापना पड़ेगा।

(सड़क की दूसरी तरफ से आवाज आती है– ''हिंदुस्तान जिंदाबाद, हिंदुस्तान हो आजाद, महात्मा गाँधी की जय।'')

कर्नल होम्स : लो वह जुलूस आ गया है। **(एक सिपाही से)** तुम जाओ

और जुलूस के नेता को समझाओ कि अँग्रेजी सरकार का हुक्म तोड़ना बच्चों का खेल नहीं है। यह सड़क पर जो मशीनगन है वह महज धमकी नहीं है। वह एक घड़ी में आग उगलने लगेगी। आप लोग अपनी जिम्मेदारी को समझें। बेगुनाह लोगों के खून से इस सड़क की गिट्टियों को तर न करें।

(सिपाही का प्रस्थान और गुलाम मुहम्मद का प्रवेश।)

गुलाम मुहम्मद : गजब हो गया, सरकार। 'इस घर में आग लग गई घर के चिराग से।' आपकी साहबजादी, राय साहब के साहबजादे और मेरे छोकरे ने हमारे खिलाफ बगावत की है! हमने जो किले बनाए थे वे मिट्टी में मिल गए। हमारे सभी आदमियों को उन्होंने बहकाकर काँग्रेस के जुलूस में शामिल कर लिया है ये तीनों जुलूस में सबसे आगे हैं। अब आप फायर भी कैसे कराएँगे !

कर्नल होम्स : अँग्रेज ड्यूटी पर यह नहीं देखता कि उसका वार किस पर हो रहा है। उस वक्त न कोई उसका बाप है, न भाई, न बेटा, न बेटी। वह आँखें बंद करके काम किए जाता है।

गुलाम मुहम्मद : फिर भी उन्हें समझाने की कोशिश तो करनी चाहिए।

कर्नल होम्स : जरूर, तुम उन्हें बुलाकर लाओ।

(कलक्टर का प्रवेश। कर्नल तथा सिपाही सेल्यूट देते हैं।)

सीताराम : आज जैसे मेरी आँखों पर से परदा हट रहा है।

कलक्टर : मिस्टर होम्स, क्या हाल है?

कर्नल होम्स : आप देख ही रहे हैं। मेरी लड़की ने भी बगावत का झण्डा उठाया है।

(गुलाम मुहम्मद का मिस होम्स, वली मुहम्मद और मनोहरलाल के साथ प्रवेश।)

सीताराम : कैसा सुंदर दृश्य है! इन तीनों के चेहरों पर कैसा तेज है। जिस देश में मिस होम्स-सी पुत्री और वली मुहम्मद और मनोहर जैसे पुत्र हों वह गुलाम कैसे रह सकता है?

कर्नल होम्स : मैं और कलक्टर साहब भी आप तीनों बहादुरों से बहुत खुश हैं और आपसे इस्तदुआ करते हैं कि आप लोग पब्लिक को समझाएँ कि वे जुलूस बंद करके घट लौट जाएँ।

मिस होम्स : हमें क्या करना चाहिए यह हम खूब जानते हैं।

मनोहर : हम महात्मा गाँधी की इज्जत सरकारी हुक्म से ज्यादा करते हैं और उस इज्जत को रखने के लिए अपने प्राणों की कीमत देने को तैयार हैं।

वली मुहम्मद : हम अपने खून से समुद्र में जुल्म की सल्तनत को डुबा देंगे।

कलक्टर : मिस होम्स, मेरी बात भी आप नहीं मानेंगी?

मिस होम्स : मैं आपको इस वक्त नहीं जानने को मजबूर हूँ।

कर्नल होम्स : बेटी!

मिस होम्स : नहीं, कर्नल होम्स! इस वक्त आप मेरे फादर नहीं हैं। आप सरकारी मशीन के पुर्जे हैं। मैं इस अभागे देश की एक पुत्री हूँ। इस देश में मैं पैदा हुई हूँ, इसका नमक मैंने खाया है, इसके लिए मेरा जो फर्ज है वह मैं अदा कर रही हूँ। मैं इस राष्ट्र का अंग हूँ। इसके सुख-दुःख मेरे सुख-दुःख हैं। इसकी जिंदगी और मौत मेरी जिंदगी और मौत है।

कलक्टर : इंग्लैंड तुम्हारा मुल्क नहीं, हिंदुस्तान तुम्हारा राष्ट्र है! यह तुम क्या कहती हो मिस होम्स?

मिस होम्स : यह बात आप लोगों से नए सिरे से कहने की जरूरत नहीं। अमेरिका की स्वतन्त्रता के युद्ध में अँग्रेजों ने अँग्रेजों के ही खिलाफ हथियार उठाकर अमेरिका को इंग्लैंड की गुलामी से आजाद किया था। देश और राष्ट्र किसे कहते हैं यह अँग्रेज कौम खूब जानती है। दुनिया का इतिहास क्या कहता है? हिंदुस्तान का ही पुराना इतिहास देखिए, जिस तरह बाबर, अहमद शाह अब्दाली, चंगेजखाँ, नादिरशाह वगैरा को हिंदुस्तान पर हमला करते वक्त यहाँ के मुसलमानों का मुकाबला सहना पड़ा था, उसी तरह आपको भी मिस होम्स की बगावत का मुकाबला करना पड़ेगा। इसके अलावा इन्सानियत का भी तकाजा है कि हम इंसाफ करना सीखें।

कर्नल होम्स : मैं इन बातों पर सोचने की जरूरत नहीं समझता। मेरा हुक्म है कि जुलूस को बंद कर दो, नहीं तो मशीनगन अपना काम करेगी।

मिस होम्स : उसका मुँह किसने बंद किया है, कर्नल होम्स!

(**मशीनगन के आगे खड़ी हो जाती है। उसके पीछे वली मुहम्मद, और उसके पीछे मनोहरलाल खड़ा होता है**)

लेकिन उसका पहला निशान मुझ पर दूसरा वली मुहम्मद पर, तीसरा मनोहर पर, उसके बाद भी अगर अँग्रेज हुकूमत की खून की प्यास न बुझे तो बाकी भीड़ पर गोलियाँ दागिए। आज माँ के तीन लाड़ले बच्चे एक राष्ट्र-मंदिर की नींव डालेंगे। अपनी हड्डियों और खून से माँ का यह मंदिर बनाएँगे।

कर्नल होम्स : अच्छा तो फाय....

कलक्टर : ठहरो ? जरा-सी बात के लिए इतना सख्त कदम उठाने की जरूरत नहीं। कर्नल होम्स, अभी जुलूस निकलने दो, बाद में बागियों से कानून भुगत लेगा। ले जाओ मशीनगन !

गान

हिंदुस्तान, सुखों के धाम !
तुम को सौ-सौ बार प्रणाम!
तुमको सौ-सौ बार सलाम!
मुस्लिम, आर्य, बौद्ध, ईसाई,
जैन, पारसी, सिख, सब भाई,
तुम पर सब भाई सौदाई।
तुम सबकी जननी अभिराम!
हिंदुस्तान, सुखों के धाम !
गंगा में है गान तुम्हारा,
हिमगिरि पर उत्थान तुम्हारा,
पद धोता है सागर खारा,
चढ़ा पदों पर रत्न ललाम!
हिंदुस्तान, सुखों के धाम!
अंतर कितना वैभवशाली,
बाहर भी कितनी हरियाली,

कोने-कोने में खुशहाली,
तुम पर निर्भर जग के काम!
हिंदुस्तान, सुखों के धाम!
कुछ सदियों से हम पथ भूले,
और लुटेरे आकर फूले,
लेकर विभव तुम्हारा भूले,
हम कहलाने लगे गुलाम!
हिंदुस्तान, सुखों के धाम!
माँ, संतान तुम्हारी सारे,
शीश कटाने का व्रत धारे,
बढ़ते, हमको प्राण न प्यारे,
मुक्ति बिना कैसा विश्राम?
हिंदुस्तान, सुखों के धाम !
तुम को सौ-सौ बार प्रणाम!
तुमको सौ-सौ बार सलाम!

(पटाक्षेप)

मैं भी मानव हूँ

पात्र

पहला प्रहरी
दूसरा प्रहरी
अशोक
राधागुप्त
कलिंगकुमार
संघमित्रा
भिक्षु उपगुप्त

(रंगमंच पर अस्ताचलगामी सूर्य की लालिमा के कारण प्रकाश मंद पड़ता जा रहा है। मृत्यु का अंधकार जैसे वातावरण को ग्रसता जा रहा है। दूर पृष्ठभूमि में अग्नि की लपटें इस प्रकार धुआँ फेंक रही हैं जैसे महानाश आकाश को निगल जाना चाहता है। मंच पर सम्राट अशोक को शिविर का कुछ भाग दिखाई देता है। सजावट में राजसी वैभव की पूरी छाप है। भूमि पर बहुमूल्य कालीन और गलीचे बिछे हैं। एक ओर सम्राट के बैठने का ऊँचा आसन है। इधर-उधर धूपदान हैं जिनसे उठकर सुगन्धित धुआँ वातावरण को और धूमिल बना रहा है। द्वार के पास अनेक मुख वाले पतील सोत हैं जिनमें दीपक जलते हैं। पृष्ठभूमि में करुण संगीत की ध्वनि इस प्रकार उभर रही है। मानो प्रलय चीत्कार कर उठी है–)

माँ, तेरे आँगन में जलती महानाश की ज्वाला।
अस्ताचल पर रक्तिम लपटें लप-लप लपक रही हैं,
चिता धूम के बाल बिखेरे उतर रहा तम काला।
ये सड़ते शव जलते खंडहर रक्तिम रोती राहें,

रणचण्डी की तुषा अपरिमित भर-भर रीता प्याला।
माँ, तेरे आँगन में जलती महानाश की ज्वाला।

(गीत के समाप्त होते न होते दो ओर से दो प्रहरी मंच पर प्रवेश करते हैं और अत्यंत उद्विग्न भाव से एक ओर खड़े होकर गीत सुनते हैं। स्वर जैसे पृष्ठभूमि में जाते हैं वे भी जैसे जाग जाते हैं। आह भरकर पहला प्रहरी कहता है।)

पहला प्रहरी : कितना दर्द है इस गीत में! सचमुच गायिका ने जो कुछ हो रहा है उसका चित्र खींचकर रख दिया है। चारों ओर मरण की दानवी लीला छा रही है। धरती असंख्य मानवों के क्षत-विक्षत शवों से अटी पड़ी है।

दूसरा प्रहरी : और उनको देखना हमारी नियति है।

दूसरा प्रहरी : नहीं, हमारी नियति है उन पर आक्रमण करने वाले गिद्धों को उड़ाना।

पहला प्रहरी : हाँ, इस मरण-पर्व में गिद्ध और गीदड़ ही तो आनन्द का संगीत अलापते हैं।

दूसरा प्रहरी : समझ में नहीं आता इस बीभत्स लीला को मनुष्य विजय कैसे कहता है? मुझे शंका होती है कि कलिंग हारा है या जीता है?

दूसरी प्रहरी : इसे इस प्रकार भी तो कहा जा सकता है कि हमारे सम्राट जीते हैं या हारे हैं।

पहला प्रहरी : श्श...श्श...श्श...! सम्राट के संबंध में कुछ मत कहो। वे आजकल बहुत उद्विग्न हैं।

दूसरा प्रहरी : इसीलिए तो मुझे शंका होती है। हमारे सम्राट, और उद्विग्न हों। लेकिन आजकल मैं देखता हूँ कि जब भी वे रणभूमि या बंदीगृह से लौटते हैं ऐसा लगता है जैसे उनके प्राण झुलस रहे हैं। मधुर मादक संगीत सुनते-सुनते वे चौंक पड़ते हैं और अपने हाथों को उलट-पुलटकर देखने लगते हैं। यही शायद शंका का जन्म है।

पहला प्रहरी : सचमुच तुम्हारी आँखों ने बहुत दूर तक देख लिया है। मुझे भी ऐसा ही लगता है। लेकिन कलिंग के राजकुमार अभी तक नहीं पकड़े गए हैं। इस बात से वे और भी चिंतित हैं।

दूसरा प्रहरी : अब तो तोतली में आदमी दिखाई ही नहीं देते। कुमार न

जाने कहाँ छिपे हैं? **(धीरे से)** परसों उन्होंने अद्‌भुत पराक्रम दिखाया। उन्हें पीछे हट जाना पड़ा लेकिन उनकी हाथी-सेना की मार से मगध सेना त्राहि-त्राहि कर उठी।

पहला प्रहरी : **(दूर देखकर)** वह तो मैंने भी देखा था, लेकिन उधर देखो आकाश में गिद्ध कैसे मँडरा रहे हैं। चलो-चलो, हम उनको भगाएँ।

दूसरा प्रहरी : समझ में नहीं आता उनको भगाने से लाभ क्या है? वे हमसे अच्छे ही हैं। शवों पर आक्रमण करते हैं। हम तो जीवित व्यक्तियों को शव बनाते हैं।

पहला प्रहरी : आओ, आओ, हम लोग चलें। हमें आज्ञा का पालन करना है, सम्राट के काम की व्याख्या करना नहीं।

(दोनों अपने बल्लम तानकर चीखते हुए जाते हैं। एक क्षण तक उनकी आवाज गूँजती रहती है। दूसरे क्षण सम्राट अशोक शिविर में घूमते हुए दिखाई देते हैं। धीरे-धीरे वे बाहर आकर शिविर के सामने बने हुए चबूतरे पर टहलने लगते हैं। बैठने के लिए एक सिंहासन वहाँ रखा हुआ है। इस समय वे बहुत उद्विग्न हैं। उनके रत्नजड़ित आभूषण, रेशमी उत्तरीय–सब उनकी दीनता को गहरा करते हैं। घूमते-घूमते वे अस्फुट स्वर में कुछ बोलते रहते हैं। सहसा गिद्धों को उड़ाने की आवाज तेज होती है। सम्राट चौंक पड़ते हैं।)

अशोक : **(चौंककर)** कौन ? **(इधर-उधर देखकर)** कोई नहीं, यहाँ तो कोई नहीं। शायद यह मेरी पगध्वनि ही थी। मैं समझा कोई सैनिक है। यहाँ तो प्रहरी भी नहीं दिखाई देते। ओह! वे ही गिद्धों को उड़ाने के लिए गए हैं। **(दीर्घ निःश्वास)** गिद्धों को उड़ाकर वे मरे हुए लोगों की रक्षा करना चाहते हैं। कितने शव पड़े होंगे युद्धभूमि में? एक लाख आदमी तो मरे ही हैं। युद्ध में आदमी मरा ही करते हैं। इस युद्ध में अधिक मरे है। कलिंग का दर्प जो चूर्ण करना था। चूर हो गया। ठीक हुआ। ठीक हुआ न ? हाँ, ठीक हुआ। **(सहसा छाती तन जाती है।)**

(उसी समय प्रहरी आकर प्रणाम करता है।)

प्रहरी : सम्राट की जय हो ! महामात्य आपके दर्शनों के लिए आने की आज्ञा चाहते हैं।

अशोक : आने दो।

प्रहरी : जो आज्ञा, सम्राट।

(प्रहरी जाता है और महामात्य राधागुप्त प्रवेश करते हैं।)

राधागुप्त : सम्राट की जय हो! सम्राट यह जानकर प्रसन्न होंगे कि कलिंग के राजकुमार बंदी हो चुके हैं।

अशोक : **(चौंककर)** क्या कहा, महामात्य?

राधागुप्त : मैंने निवेदन किया सम्राट कि कलिंग के राजकुमार बंदी हो चुके हैं। युद्ध अब समाप्त हो चुका है। आज्ञा हो तो राजकुमार को सम्राट के चरणों में इसी समय उपस्थित किया जाए?

अशोक : **(अनमना-सा)** ठहरो महामात्य, ठहरो। तुमने तीनों बातें बताई हैं। कलिंग के राजकुमार बंदी हो चुके हैं। युद्ध समाप्त हो चुका है। राजकुमार को इसी समय यहाँ उपस्थित किया जा सकता है। सचमुच महामात्य, क्या अब युद्ध की आवश्यकता नहीं रही ? क्या अब शस्त्रों की झंकार सुनने को नहीं मिलेगी? आहतों की चीत्कार बंद हो जाएगी?

राधागुप्त : सम्राट ! अब कलिंग में कौन बचा है जो शस्त्रों की झंकार सुनेगा! जो वृद्ध, वनिताएँ या बालक वहाँ शेष हैं वे न सुन सकते हैं और न बोल सकते हैं। वे केवल अपलक दृष्टि से शून्य में ताकते रहते हैं। उनसे बातें करने पर वे कुछ इस प्रकार देखते हैं कि बोलने वाला स्वयं पानी-पानी हो जाता है। लेकिन सम्राट, अब भी वहाँ एक व्यक्ति शेष है जो देखता भी है और बोलता भी है।

अशोक : सच? ऐसा कोई व्यक्ति है कलिंग में? **(सहसा तीव्र होकर)** वह कौन है?

राधागुप्त : वह कलिंग का राजकुमार है।

अशोक : लेकिन तुमने जो अभी कहा था कि कलिंग का राजकुमार बंदी हो चुका है। बन्दीगृह में आकर भी क्या वह बोलने का साहस करता है?

राधागुप्त : तब से वह कुछ अधिक बोलने लगा है, सम्राट!

अशोक : **(होंठ दबाकर)** वह शायद भारत सम्राट चण्डाशोक के स्वभाव को नहीं जानता।

राधागुप्त : जानता अवश्य होगा, सम्राट। और आप भी तो उसकी वीरता से परिचित हैं। वह मगध में हमारा अतिथि रहा है। आखेट के समय उसके हस्तलाघव की सम्राट ने भूरि-भूरि प्रशंसा की थी। और देवी

संघमित्रा...

अशोक : **(तीव्र स्वर)** महामात्य, यहाँ देवी संघमित्रा की कोई चर्चा नहीं है।

राधागुप्त : लेकिन सम्राट ! यह सत्य है कि देवी संघमित्रा आज भी, इस क्षण भी कुमार की प्रशंसक हैं। अभी-अभी उनके बंदी हो जाने का समाचार सुनकर उन्होंने कहा था, 'कुमार के साथ वही बर्ताव होना चाहिए जो एक वीर पुरुष के साथ होता है।'

अशोक : **(पूर्वतः)** महामात्य, हमें देवी संघमित्रा के परामर्श की आवश्यकता नहीं है। हम जानते हैं हमें कब क्या करना है ? कुमार हमारा शत्रु है और शत्रु के साथ कैसा व्यवहार किया जाता है यह हम संघमित्रा से नहीं जानना चाहते। बंदी को इसी समय उपस्थित किया जाए। हम स्वयं उसकी बातें सुनेंगे।

राधागुप्त : मैं अभी उसे लेकर आता हूँ **(प्रणाम करके जाता है।)**

(दूसरे ही क्षण संघमित्रा रण-वेश में प्रवेश करती है। जूड़ा कसकर बाँधने से उसके मुख की मुद्रा कसी हुई कमान की तरह हो गई है। कमर में फेंटा कसे वह किसी वीर पुरुष से कम नहीं जान पड़ती। आते ही स्नेह भरे स्वर में पुकारती है।)

संघमित्रा : भैया !

अशोक : तुम इस समय यहाँ क्यों आईं ?

संघमित्रा : सम्राट से निवेदन करने कि गायिका आ गई है। आज्ञा हो तो उपस्थित करूँ?

अशोक : इस समय नहीं। हमें कुछ बहुत आवश्यक काम है।

संघमित्रा : इस संध्याकाल में सम्राट को जो काम है वह मैं जानती हूँ, लेकिन कुछ क्षण के लिए क्या वह काम रुक नहीं सकता ?

अशोक : तुम क्या जानती हो कि वह क्या काम है? और जानती हो तो यह भी तुम्हें मालूम होगा कि वह रुक नहीं सकता।

संघमित्रा : जैसी आपकी इच्छा, लेकिन इतना निवेदन करने की धृष्टता अवश्य करूँगी कि कलिंगकुमार के भाग्य का निर्णय करते समय आपके शौर्य की भी परीक्षा होने वाली है।

अशोक : भारत सम्राट चण्डाशोक का शौर्य विश्व-विदित है। कुमार को

मेरे चरणों में सिर झुकाना ही होगा।

संघमित्रा : और न झुकाया तो?

अशोक : तो यह तलवार उसे झुका लेगी। (**तलवार को म्यान में बजाता है। संघमित्रा काँप जाती है। सम्राट हँसते हैं**) काँप गई? क्या तुम्हें शस्त्रों से डर लगने लगा है?

संघमित्रा : नहीं, मैं शस्त्रों से नहीं डरती।

अशोक : तो कुमार की मृत्यु से डरती हो?

संघमित्रा : नहीं सम्राट, मुझे उसकी भी चिंता नहीं है। चिंता मुझे आपकी है। गलती से आप तलवार को शौर्य का प्रतीक समझ बैठे।

अशोक : तलवार नहीं तो शौर्य का प्रतीक क्या है?

संघमित्रा : हृदय। हृदय की विशालता और उदारता का नाम है शौर्य।

अशोक : हृदय की उदारता और विशालता? (**सहसा अट्टहास**) हृदय की उदारता और विशालता! जान पड़ता है कि कलिंग के उस भिक्षुक का प्रभाव तुम पर भी पड़ा है? आखिर तुम नारी हो और नारी की अवरोधक शक्ति बड़ी दुर्बल होती है, लेकिन याद रखो, अशोक बौद्धों की इस दुर्बल नीति के बल पर भारत का सम्राट नहीं बना है।

संघमित्रा : सम्राट...

अशोक : तुम अब जा सकती हो, संघमित्रा।

संघमित्रा : लेकिन, भैया!

अशोक : जाओ, संघमित्रा। भारत सम्राट अशोक तुम्हें जाने की आज्ञा देता है।

संघमित्रा : जा रही हूँ सम्राट, पर भूलिए नहीं कि हृदय की विशालता का नाम ही शौर्य है। (**चली जाती है।**)

अशोक : (**एक क्षण उसे जाते देखते हैं और फिर फुसफुसा उठते हैं**) संघमित्रा, मैं जानता हूँ तुम क्या कहना चाहती हो। तुम कलिंग के युवराज से प्रेम करती हो, परंतु युवराज मेरा शत्रु है और तुम मेरी बहिन...

(इसी क्षण राधागुप्त कलिंगकुमार के साथ प्रवेश करते हैं। दो सैनिकों ने कुमार को बाँधा हुआ है। कुमार रणवेश में है। प्रशस्त ललाट, उन्नत वक्षस्थल, किंचित श्यामल वर्ण, अदम्य विश्वास से पूर्ण नयन और आजानु बाहु। एक साथ रक्षा और दण्ड के प्रतीक। सम्राट अपलक उनकी ओर देखते हैं।)

राधागुप्त : सम्राट की जय हो! कलिंग के राजकुमार उपस्थित हैं।

अशोक : **(कठोर स्वर में)** महामात्य, कलिंग का अब कोई राजकुमार नहीं है। वह एक साधारण बंदी है।

कुमार : अशोक, अपनी वास्तविक अवस्था में सभी साधारण होते हैं। तुम भी अशोक पहले हो, सम्राट पीछे।

अशोक : **(कड़ककर)** बंदी, जानते हो तुम किससे बातें कर रहे हो?

कुमार : जानता क्यों नहीं? मैं मगध के हत्यारे सम्राट चण्डाशोक से बातें कर रहा हूँ। उस चण्डाशोक से जिसने माँ वसुंधरा को अपने लाखों पुत्रों का रक्त पीने के लिए विवश किया है।

अशोक : **(अतिशय क्रुद्ध होकर)** बंदी, कलिंग के लोगों की तरह तुम वाचाल ही नहीं, धृष्ट भी हो। इस असभ्यता का एक ही प्रतिकार मेरे पास है। और वह है कटार।

(कटार दिखाता है।)

कुमार : हत्यारे के पास कटार के अलावा और भी कुछ होता है क्या?

अशोक : बन्दी, मैं तुम्हारा अभी सिर काट सकता हूँ।

कुमार : जो धरती-माता अपने लाखों पुत्रों का रक्त पी चुकी है वह एक पुत्र का और रक्त पिएगी तो कोई अंतर नहीं पड़ेगा।

राधागुप्त : धृष्टता की भी एक सीमा होती है, कुमार होश में आकर बातें करो।

कुमार : तुम्हें भी क्रोध आ गया, महामात्य। आखिर हो तो विष्णुगुप्त चाणक्य के शिष्य। लेकिन सुन लो राधागुप्त, तुम्हारे इस हत्यारे सम्राट को एक दिन इन हत्याओं का बदला चुकाना होगा। उसका अपना हृदय उसकी भर्त्सना करेगा।

अशोक : **(सहसा अट्टहास कर उठता है)** वही उपगुप्त का स्वर। वही बौद्ध भिक्षु की वाणी। बौद्धों की दुर्बल नीति के कारण तुम्हारा पतन हुआ है, बन्दी।

कुमार : मेरा पतन नहीं हुआ है, अशोक। पतन तुम्हारा हुआ है।

अशोक : मेरा पतन? भारत सम्राट का पतन? असम्भव। बन्दी, असम्भव...

कुमार : असम्भव नहीं अशोक। वह पूरी तरह संभव हो चुका है। लाखों मनुष्यों का रक्त तुम्हारे पतन की घोषणा कर रहा है। लाखों घायलों की कराह में तुम्हारे पतन का स्वर गूँज रहा है। ललनाओं की सूनी माँगों में, माताओं की खाली गोदियों में, शिशुओं की निरीह-शून्य दृष्टि में—सब कहीं तुम्हारे पतन की कहानी अंकित है। कलिंग के उजड़े हुए ग्राम, वीरान प्रदेश, ये सब तुम्हारे पतन के साक्षी हैं। तुम जीतकर भी हार गए हो, अशोक। और कलिंग मिटकर भी अमर हो गया है।

अशोक : अशोक हार गया है। कलिंग अमर हो गया है। **(अट्टहास)**

कुमार : हँस लो, जितना हँस सको हँस लो। लेकिन मगध में तुम्हें यह हँसी नहीं मिलेगी। वहाँ के मार्ग रक्त से रँगे पड़े हैं। तुम्हारे सिंहासन के चारों ओर लाशों के ढेर लगे हुए हैं। बन्दीगृहों से उठती हुई कराह ने सारे वातावरण को विषाक्त बना दिया है। अशोक, तुमने कलिंग की धरती को जीता है, आत्मा को नहीं। धरती की जीत को तुम जीत कहते हो!

राधागुप्त : जीत नहीं तो और क्या है? आत्मा को किसने देखा है? शरीर सत्य है। उसकी जय सच्ची जय है। तुम्हारे इस शब्दजाल से तुम्हारी पराजय जय में नहीं पलट सकती, कुमार।

कुमार : मेरी पराजय ? मुझे किसने पराजित किया है, महामात्य ?

राधागुप्त : भारत सम्राट महाराज अशोक ने, और किसने?

कुमार : राधागुप्त, जिस कलिंग को सोलह राज्यों को उखाड़ फेंकने वाला तुम्हारा गुरु पराजित नहीं कर सका, जिसने सदा तुम्हारी सत्ता को चुनौती दी है उसे कोई भी, कभी भी पराजित नहीं कर सकता। मैं अन्तिम बार तुमसे कह देना चाहता हूँ, जब तक कलिंग के राजकुमार के शरीर में प्राण शेष हैं तब तक वह कभी भी पराजय स्वीकार नहीं कर सकता।

अशोक : **(तीव्र स्वर में)** तुम पराजय स्वीकार नहीं करोगे? मुझे प्रणाम नहीं करोगे?

कुमार : कलिंग का राजकुमार कलिंग के अतिरिक्त और किसी के सिंहासन

के सामने झुकने की कल्पना नहीं कर सकता।

अशोक : लेकिन कलिंग का सिंहासन धूल में मिल चुका है। कलिंग का स्वामी मैं हूँ।

कुमार : कलिंग के युवराज के रहते कलिंग का स्वामी कोई नहीं हो सकता।

अशोक : होने का प्रश्न नहीं है। कलिंग का राजमुकुट मेरी ठोकरों में लोट रहा है।

कुमार : ठोकर लगाना तो दूर की बात है, उसकी ओर दृष्टि उठाने वाले की आँखें निकाल ली जाती हैं, अशोक।

राधागुप्त : **(कड़ककर)** बस करो, बंदी, बस करो! नहीं तो...

कुमार : नहीं तो तुम्हारा सिर काट लिया जाएगा। **(हँसता है)** तुम लोगों में सिर काटने से अधिक शक्ति है ही कहाँ ? सब कायर हो और कायर कभी किसी को पराजित नहीं कर सकते।

अशोक : महामात्य ! बन्दी से कहो कि वह व्यर्थ का वितण्डावाद न उठाकर मेरी अधीनता स्वीकार करे। अशोक वीर पुरुषों को क्षमा करना जानता है।

(राधागुप्त बोलने को होता है लेकिन राजकुमार अवसर नहीं देता।)

कुमार : लेकिन वीर पुरुष किसी की क्षमा ग्रहण करना नहीं जानते। अपने स्वामी से कह दो राधागुप्त कि कलिंग का राजकुमार जीते-जी वीरता को कलंकित नहीं करेगा।

(अशोक तिलमिला उठता है।)

अशोक : महामात्य! बन्दी से पूछो, क्या यह उसका अंतिम निर्णय है?

कुमार : वीर पुरुष दो बार नहीं सोचा करते?

अशोक : महामात्य! मेरा आदेश है कि बंदी को इसी क्षण ले जाओ और चण्डगिरि से कहो कि उषा की प्रथम किरण के साथ ही इसका सिर मेरे चरणों में लोटेगा।

राधागुप्त : सम्राट की आज्ञा का पालन होगा।

कुमार : बस यही है तुम्हारी वीरता? यही है तुम्हारा शौर्य? इसी बल पर सम्राट बने हो? एक बन्दी का सिर भी नहीं झुका सके। खोपड़ी ठुकराने के लिए तो अनेक गीदड़ श्मशान में घूमा करते हैं, लेकिन वह वीर

पुरुषों का मार्ग नहीं है।

राधागुप्त : सम्राट को उपदेश देने की धृष्टता मत करो, बन्दी। सैनिको, इसे ले चलो।

कुमार : सैनिक मुझे क्या ले चलेंगे! मैं स्वयं चल रहा हूँ, लेकिन कहे जाता हूँ अशोक, जो कुछ तुम आज कर रहे हो एक दिन उसके लिए रक्त के आँसुओं से तर्पण करोगे। तुम्हारी अपनी आत्मा तुम्हें धिक्कारेगी। अपने हृदय की आग में तुम्हें जलना होगा। तुम आज जिन्हें मार रहे हो एक दिन उन्हीं के चरण चूमोगे।

(कुमार के बोलते-बोलते सैनिक उसे बाहर खींच ले जाने की चेष्टा करते हैं, लेकिन वह दृढ़ता से अड़ा रहता है। अशोक स्तब्ध हो गया है। राधागुप्त व्यग्र। बोल चुकता है तो कुमार दृढ़ता से बाहर चला जाता है। अशोक कई क्षण तक वैसे ही खड़ा रहता है। पृष्ठभूमि में संगीत उभरता है। फिर वह अचानक बोल उठता है।)

अशोक : कैसे विचित्र हैं कलिंग के लोग! कितने असभ्य पर कितने साहसी! जैसे-जैसे मृत्यु पास आती है वैसे-वैसे मन और दृढ़ होता है। भय को जैसे ये लोग पहचानते ही नहीं। **(हँसता है)** लेकिन अशोक को किसने जीता है? अशोक के क्रोध से कौन बचा है? कौन नहीं जानता अशोक के बल-पराक्रम को? **(चौंकता है)** लेकिन जाते समय कुमार ने क्या कहा था? **(वातावरण में शब्द गूँजते हैं–)** 'तुम कैसे वीर हो जो एक बन्दी का सिर भी नहीं झुका सके। खोपड़ी ठुकराने के लिए तो अनेक गीदड़ श्मशान में घूमा करते हैं, लेकिन यह वीर पुरुषों का मार्ग नहीं है। अशोक, तुम जो कुछ आज कर रहे हो, एक दिन रक्त के आँसुओं से उसके लिए तर्पण करोगे। तुम्हारी अपनी आत्मा तुम्हें धिक्करेगी। अपने हृदय की आग में तुम्हें जलना होगा। जिन्हें आज तुम मार रहे हो उन्हीं के एक दिन चरण चूमोगे।' स्वर पृष्ठभूमि में जाते हैं। **(अशोक चीखता है)** नहीं-नहीं-नहीं! यह सब शब्दजाल है। पराजय की खीझ उतारने का उपक्रम। लेकिन... **(सहसा उद्विग्न होता है)** आहतों का चीत्कार, बन्दियों की करुण पुकार, पीड़ित नागरिकों का हाहाकार, उफ! **(दोनों हाथों से अपने हृदय को दबाता है।)** अचानक यह क्या हुआ? हृदय में यह कैसी पीड़ा होती है? नेत्र क्यों मुँदे जाते हैं? यह मुझे क्या होने लगा है? यह मुझे कौन पुकार

रहा है? कौन मेरी हँसी उड़ा रहा है? **(पृष्ठभूमि में अट्टहास का स्वर)** कौन है?

(इसी समय संघमित्रा मंच पर प्रवेश करती है।)

संघमित्रा : सम्राट की जय हो। मैं हूँ संघमित्रा। कुमार के भाग्य का निर्णय कर चुके।

अशोक : (शान्त होकर) ओह, तुम हो, संघमित्रा! तुम उस बन्दी की बात कर रही हो? कलिंग के लोग बड़े धृष्ट होते हैं। मैं उसे क्षमा करने को तैयार था परंतु वह किसी भी प्रकार मेरी अधीनता स्वीकार करने को तैयार नहीं हुआ।

संघमित्रा : अधीनता स्वीकार करने को उसके पास रखा ही क्या है? सारा देश श्मशान बन गया। वह उर्वर भूमि अपने ही हर्षोत्पल निवासियों के शवों से भरी पड़ी है। राजमार्गों पर हृष्टपुष्ट और बहुमूल्य हाथियों के अंग-अंग बिखरे पड़े हैं। कलिंग के वे सुंदर वस्त्र जिन्हें आप और हम बड़े चाव से मँगाकर पहना करते थे, चीर-चीर होकर हवा में उड़ रहे हैं। कितने लोग थे कलिंग में। मार्ग नहीं मिलता था। परंतु अब...

अशोक : (सहसा उद्विग्न होकर) तुम उसका देश देखने गई थीं, संघमित्रा!

संघमित्रा : जाना ही पड़ता है। जिस सत्य आपके शूरवीर सैनिक घरों से निकल-निकलकर उन भोले, सरल और निरपराध कलिंग-निवासियों का वध करते हैं तो सम्राट, महानाश का मस्तक भी शर्म से झुक जाता है।

अशोक : यह युद्ध है, संघमित्रा। और युद्ध में विरोधी का नाश ही किया जाता है।

संघमित्रा : जानती हूँ, सम्राट। मैं विरोध नहीं करती। केवल सम्राट के सैनिकों के कर्म का बखान करती हूँ। आपके सैनिक आज्ञाकारी हैं। छोटे-छोटे बच्चों और औरतों तक को वे घर में नहीं छोड़ते। उन्हें बाहर निकालकर घरों में आग लगा देते हैं। इसलिए कुमार ने गलती की जो श्मशान के लिए सिर दिया।

अशोक : तो तुम जानती हो कि मैंने बन्दी का सिर काट देने की आज्ञा

दी है?

संघमित्रा : जानती तो नहीं पर कल्पना कर सकती हूँ। बचपन से आपको पहचानती हूँ। राजगद्दी भी तो आपने बड़े भैया सुसीम के सिर का सौदा करके ली थी। औरों की भाँति विरासत में नहीं पाई। विरासत एक प्रकार का दान है और दान लेना वीरता का अपमान है।

अशोक : **(तीव्र परंतु व्यग्र स्वर में)** गद्दी की तो यहाँ कोई चर्चा नहीं थी संघमित्रा।

संघमित्रा : आपके स्वभाव की तो थी। कुमार को प्राणदण्ड देकर आपने राजसत्ता की ही नहीं, अपने स्वभाव की मर्यादा की भी रक्षा की है।

अशोक : **(क्रुद्ध होकर)** स्वभाव की मर्यादा! संघमित्रा, अशोक शक्ति में विश्वास रखता है। दया और करुणा को वह साम्राज्य का शत्रु मानता है। सुसीम पिता के राज्य-काल में भी तक्षशिला का विद्रोह शान्त नहीं कर सका था। वह बौद्धों की दुर्बल नीति का पक्षपाती था। वह मानवता की पुकार जैसी काल्पनिक भावनाओं में विश्वास करता था।

संघमित्रा : निःसन्देह बड़े भैया सम्राट होने के लिए नहीं थे। वे गद्दी पर बैठते तो मौर्यों की राज्य-पताका कैसे चारों दिशाओं में फैलती! देश कैसे विजित होते! माँ वसुन्धरा कैसे अपनी सन्तान का रक्त पीती! अशोक कैसे मानव-चीत्कार का संगीत सुनता?

अशोक : तुम जानती हो कि चीत्कार में भी संगीत होता है।

संघमित्रा : होता है, सम्राट। उसको सुनकर मनुष्य जीवन से डरना सीखता है।

अशोक : **(व्यंग्य से)** शब्दों का मायाजाल। वही शब्दों का मायाजाल। संघमित्रा, जो जीवन से डरेगा वह जिएगा कैसे?

संघमित्रा : जैसे सम्राट जीते हैं। जैसे सम्राट के सैनिक जीते हैं।

अशोक : सम्राट, जैसे यानी मैं जीता हूँ संघमित्रा, तुम भी उन बौद्धों से हेल-मेल बढ़ाने लगी हो। तभी यह रहस्यमयी भाषा बोलती हो। **(सहसा धीमे स्वर में)** बन्दी भी कुछ इसी प्रकार कहता था।

संघमित्रा : **(उत्सुक होकर)** बन्दी क्या कहता था, सम्राट?

अशोक : वह कहता था कि तुम कैसे वीर हो जो एक बन्दी का सिर

भी नहीं झुका सके। खोपड़ी ठुकराने के लिए तो श्मशान में अनेक गीदड़ घूमा करते हैं। तुम जो कुछ आज कर रहे हो एक दिन रक्त के आँसुओं से उसके लिए तर्पण करोगे। तुम्हारी अपनी आत्मा तुम्हें धिक्कारेगी। अपने हृदय की आग में तुम्हें जलना होगा। (**सहसा हँसता है**) लेकिन यह सब वाग्जाल है। भुजबल ही सबसे बड़ा शौर्य है। हृदय और आत्मा की बातें नारी और भिक्षुओं के लिए हैं।

संघमित्रा : (**हँसकर**) धन्यवाद, भैया ! नारियों को आपने भिक्षुओं के समकक्ष माना। लेकिन एक बात पूछूँ?

अशोक : (**अनमना-सा**) बात पूछने को तो आज मेरा भी मन करता है।

संघमित्रा : आपका मन बात पूछने को करता है, तो फिर पूछिए न ? मैं तो सदा आपको तंग करती रहती हूँ। आप क्या पूछना चाहते हैं?

अशोक : कुछ नहीं संघमित्रा, कुछ नहीं। तुम पूछो।

संघमित्रा : नहीं, सम्राट, आप ही पूछिए।

अशोक : पूछूँ?

संघमित्रा : अगर मुझे किसी योग्य समझते हो तो पूछो।

अशोक : नहीं, यह बात नहीं है, संघमित्रा। मैं यह पूछना चाहता हूँ कि किसी का वध करने की कोई और रीति नहीं होती?

संघमित्रा : समझी नहीं, सम्राट। और रीति से आपका क्या आशय है?

अशोक : जिसका वध करना हो उसके प्राण न निकलें और वह मर जाए!

संघमित्रा : नहीं, भैया। मैं ऐसी कोई रीति नहीं जानती। जो शस्त्र धारण करता है वह जान भी नहीं सकता।

अशोक : अच्छा, जाने दो। लेकिन हाँ संघमित्रा, शस्त्र धारण करने वाला क्या कायर होता है?

संघमित्रा : नहीं तो। आपको अचानक यह क्या होने लगा? आप ऐसे प्रश्न क्यों पूछते हैं?

अशोक : नहीं, नहीं, मुझे नहीं हुआ। ऐसे ही कुछ याद आ गया था। कोई बात नहीं। बात यह है कि हम अब शीघ्र सिंहल-विजय के लिए चलेंगे।

संघमित्रा : सच ? मैं भी चलूँगी। सुना है बहुत सुंदर देश है और हम हैं

सौंदर्य के उपासक। उसे चाट जाने वाले। (**हँसती है**) अच्छा, मैं रेवा को भेजती हूँ, आप थक गए होंगे।

अशोक : नहीं, नहीं, संघमित्रा ! मैं गाना सुनना नहीं चाहता। मैं अब कभी गाना नहीं सूनूँगा।

संघमित्रा : (**गौर से देखकर**) आप गाना नहीं सुनेंगे? क्यों, क्या हुआ?

अशोक : कुछ नहीं, संघमित्रा! हुआ तो कुछ नहीं, लेकिन जब रेवा गाती है तो न जाने क्यों मुझे युद्धभूमि का दृश्य दिखाई देने लगता है। मैं तब उसके मादक संगीत में घायलों का चीत्कार सुनता हूँ। मेरे कानों में उस समय बन्दियों की करुण पुकार गूँज उठती है। (**उद्विग्न होकर**) संघमित्रा! युद्ध में इतने आदमी मरते क्यों हैं? युद्ध होते क्यों हैं?

संघमित्रा : आप निश्चय ही अस्वस्थ हैं, सम्राट। आपका मन त्रस्त है। आपको संगीत की आवश्यकता है। मैं अभी रेवा को भेजती हूँ। (**जाती है।**)

अशोक : (**पूर्वतः उद्विग्न**) क्यों इतने आदमी मरते हैं? क्यों इतना रक्त बहता है? बन्दी कहता था, 'मैंने माँ वसुन्धरा को उसके बेटों का रक्त पीने के लिए विवश किया है।' कोई अपने बेटों का रक्त पीता है? क्यों, संघमित्रा? (**दृष्टि उठाकर देखता है**) संघमित्रा चली गई। महामात्य कहते थे कि यह कलिंग के राजकुमार की बड़ी प्रशंसा कर रही थी। उसकी प्रशंसा तो मैंने भी की है। उस दिन आखेट में उसका हस्तलाघव देखा था। इस महानाश में उसका अदम्य साहस देखा। मैं चाहता तो उसी क्षण उसका सिर काट लेता, लेकिन साहसी मनुष्य को सामने पाकर मौत भी अपना काम भूल जाती है। उसका साहस अंगद के पैर के समान मेरे क्रोध के सामने डटा रहा। उसने मुझे चुनौती दी—बस एक बन्दी का सिर नहीं झुका सके...सच, मैं एक बन्दी का सिर नहीं झुका सका। मैं, जिसके इंगित पर लक्ष्य-लक्ष्य सिर पैरों को चूमते हैं, जिनकी भृकुटि पर काल काँप उठता है, जिसके क्रोध की ज्वाला में सम्पूर्ण विश्व भस्म हो सकता है वह एक सिर नहीं झुका सकता! (**दीर्घ निःश्वास**) संघमित्रा कहती थी, शौर्य तलवार

में नहीं होता। शायद वह ठीक कहती थी। तभी तो मैं जीते जी उसका सिर नहीं झुका सका। उसका सिर काटकर मैं उसे ठुकराना चाहता हूँ...**(राधागुप्त का प्रवेश)** कौन ?

राधागुप्त : सम्राट क्षमा करें। एक बौद्ध भिक्षु आपसे मिलना चाहते हैं।

अशोक : बौद्ध भिक्षु को अभी रहने दो। मैं तुमसे पूछता हूँ कुमार यही कहता था न कि मैं एक बन्दी का सिर नहीं झुका सका?

राधागुप्त : वह कुमार की धृष्टता थी। उसी का दण्ड उसे भुगतना होगा। उषा की प्रथम किरण के साथ उसका सिर आपके चरणों में लोटेगा।

अशोक : यही तो वह कहता था। मैं जीते-जी उसका सिर नहीं झुका सका। अब उसके कटे हुए सिर को ठुकराना चाहता हूँ। कटे हुए सिर को कौन ठुकराता है, महामात्य?

राधागुप्त : सम्राट आज बहुत उद्विग्न दिखाई देते हैं। चित्त शायद ठीक नहीं है। रेवा कहाँ है?

अशोक : जाने दो रेवा को, राधागुप्त। मैं तुमसे यह पूछना चाहता हूँ कि क्या मैं जीवित व्यक्ति का सिर नहीं झुका सकता? क्या मुझे उसका सिर काटना ही होगा?

राधागुप्त : जो भारत सम्राट की आज्ञा नहीं मानता, उसका सिर काटा ही जाता है।

अशोक : लेकिन महामात्य, आज्ञा तो वह फिर भी नहीं मानेगा।

राधागुप्त : यदि वह आज्ञा मान लेता तो उसे दण्ड दिया ही क्यों जाता ?

अशोक : दण्ड! यही तो संघमित्रा कहती थी कि शौर्य तलवार में नहीं होता, हृदय में होता है। क्यों महामात्य, हृदय भी क्या दण्ड दे सकता है? उसमें इतनी शक्ति है?

राधागुप्त : हृदय की शक्ति को मैं नहीं जानता देव। मैं शासन की शक्ति जानता हूँ। जो दण्ड देने की अधिकारिणी है और जानता हूँ संगीत की शक्ति को जो मन की उद्विग्नता को दूर करके निर्णय करने की क्षमता पैदा करती है। मैं अभी रेवा को बुलाता हूँ।

(राधागुप्त जाने को मुड़ता है। उसी क्षण प्रहरी लड़खड़ाता हुआ वहाँ प्रवेश करता है। वह घायल है।)

प्रहरी : सम्राट की जय हो...

अशोक : यह तुमको क्या हुआ, प्रहरी ? क्या अभी युद्ध बन्द नहीं हुआ है?

प्रहरी : मनुष्यों का युद्ध तो बन्द हो चुका सम्राट, अब पशुओं का युद्ध आरंभ हुआ है। युद्धभूमि क्षतविक्षत शवों से पटी पड़ी है। गिद्ध और गीदड़ उन्हीं पर आक्रमण करते हैं। घायलों को उनसे बचाने के लिए हमें युद्ध करना ही पड़ता है।

अशोक : तो अब हमें पशुओं से युद्ध करना होगा। **(हँसता है)** ठीक है, कलिंग में अब मनुष्य रहे ही कहाँ हैं जो हमसे युद्ध करें। यही तो संघमित्रा कहती थी।

प्रहरी : सम्राट क्षमा करें, द्वार पर एक भिक्षु आपसे मिलने के लिए उतावले हो रहे हैं। वे कलिंग के राजकुमार से भेंट करना चाहते हैं।

राधागुप्त : हाँ, सम्राट, वे कहते हैं कि वे शायद कुमार को आपकी अधीनता स्वीकार करने पर राजी कर लें।

अशोक : **(प्रहरी से)** बौद्ध भिक्षु को सादर यहाँ लिवा लाओ।

प्रहरी : जो आज्ञा **(जाता है।)**

अशोक : **(हँसता है)** महामात्य! यह कैसी विडम्बना है। जो काम मैं नहीं कर सकता उसे शस्त्र कर सकते हैं। भिक्षु कर सकते हैं। नहीं, महामात्य, मैं वह शक्ति चाहता हूँ जिसके द्वारा बन्दी का सिर झुका सकूँ। क्या वह शक्ति मुझे मिल सकती है?

(प्रहरी के पीछे भिक्षु उपगुप्त का प्रवेश।)

प्रहरी : सम्राट की जय हो। भिक्षु उपगुप्त पधारे हैं।

अशोक : प्रणाम करता हूँ, भन्ते। मुझे मालूम हुआ है कि आप कलिंग के राजकुमार से बन्दीगृह में मिलना चाहते हैं और उसे मेरी अधीनता स्वीकार करने के लिए राजी करना चाहते हैं। मैं यह जानना चाहता हूँ कि जो काम मैं नहीं कर सकता, आप कैसे कर सकते हैं? क्या मैं कुमार के दण्ड पर फिर से विचार नहीं कर सकता ?

राधागुप्त : सम्राट, आप सब कुछ कर सकते हैं, परंतु आपको अपने पद की मर्यादा को समझ लेना चाहिए।

अशोक : यह तुमने क्या कहा, महामात्य? मुझे अपने पद की मर्यादा को समझ लेना चाहिए। मैं सम्राट हूँ, किसी का बन्दी नहीं हूँ।

उपगुप्त : सम्राट, जब तक व्यक्ति अपने लिए जीता है तब तक वह बन्दी ही रहता है। आकांक्षा की परिधि सीमित है, परंतु उसकी प्यास बड़ी भयंकर होती है। मकड़ी के जाले के समान उसमें फँसकर कोई भी जीवित नहीं रहता।

अशोक : मकड़ी के जाले के समान उसमें फँसकर कोई भी जीवित नहीं रहता? शायद आप ठीक कहते है, लेकिन भन्ते! क्या कोई ऐसी शक्ति होती है जो बिना नाश के विरोधी को पराजित कर सके?

उपगुप्त : किसी को पराजित करने की भावना ही सबसे बड़ी दुर्बलता है, महाराज।

अशोक : **(उद्विग्न होकर)** किसी को पराजित करने की भावना ही मनुष्य की सबसे बड़ी दुर्बलता है। किसी को पराजित करने की भावना...

उपगुप्त : सम्राट, रात बीत रही है। क्या मैं प्रभात की पहली किरण पूर्व से...

अशोक : रात बीत रही है। भन्ते, आपने कितनी सुंदर बात कही है। रात बीतती है, तभी प्रभात होता है।

उपगुप्त : लेकिन आज का प्रभात किसी की मृत्यु का संदेश लेकर आ रहा है सम्राट।

अशोक : आप कलिंग के राजकुमार की बात कर रहे हैं, भन्ते? आपको उसके लिए कुछ भी नहीं करना होगा। उसे मैं क्षमा कर दूँगा।

राधागुप्त : **(तीव्र स्वर में)** नहीं, यह नहीं हो सकता। सूर्य की पहली किरण के साथ बन्दी कुमार का सिर आपके चरणों में लोटेगा। तभी कलिंग-विजय पूर्ण होगी।

अशोक : नहीं, महामात्य! यदि मैं सम्राट हूँ तो मुझे अपना आदेश वापस लेने का अधिकार भी है।

राधागुप्त : सम्राट, जो आदेश आपने दिया है, उसे वापस लेने का अधिकार इतना सरल नहीं है। वह साम्राज्य की प्रतिष्ठा का प्रश्न है, शासन की मर्यादा सुरक्षित रखने का प्रश्न है।

अशोक : शासन की मर्यादा! इस मर्यादा का अर्थ क्या है? क्या इसका यही अर्थ है कि हम अपने ही आदेश के बन्दी हों? नहीं, मैं इस आदेश को स्वीकार नहीं करता। मैं जीवित मानव को अपने अधीन करना चाहता हूँ। शस्त्रबल से नहीं, तो हृदय के बल पर ऐसा करूँगा। हृदय की शक्ति का दूसरा नाम है क्षमा। भन्ते! आप इसी क्षण बन्दीगृह में जाकर कलिंग के युवराज को उसकी मुक्ति का समाचार दे सकते हैं। कुछ ही देर में मैं भी वहीं आने वाला हूँ। (**प्रहरी से**) प्रहरी, भिक्षु उपगुप्त को अभी बन्दीगृह में ले जाओ और चण्डगिरि से कहो कि पहला आदेश स्थगित किया जाता है। वह मेरे आने की राह देखे।

प्रहरी : जो आज्ञा, सम्राट। आइए भन्ते, इधर से।

उपगुप्त : चलो। मैंने इतना नहीं सोचा था। (**सम्राट से**) सम्राट का कल्याण हो। बन्दीगृह में राह देखूँगा। (**जाता है।**)

अशोक : राधागुप्त, तुमको विश्वास नहीं आ रहा। लेकिन तुम नहीं जानते, मैं कलिंगकुमार को पराजित करना चाहता हूँ। लेकिन वह पराजय...

राधागुप्त : जय और पराजय । मैं केवल इतना ही जानता हूँ कि इस समय सम्राट ने जो कुछ किया है वह उचित नहीं है।

अशोक : (**हँसता है**) राधागुप्त, इस समय मैं तुमसे विवाद करना नहीं चाहता। यह उचित हो या अनुचित, परंतु मुझे लग रहा है कि यदि मैं ऐसा न करता तो पागल हो जाता। इस समय मैं देवी कारूवाकी के शिविर में जा रहा हूँ। संघमित्रा यदि दिखाई दे तो उसे वहीं भेज देना। कुछ ही समय में मैं बन्दीगृह पहुँच जाऊँगा। (**प्रहरी से**) प्रहरी, हमें मार्ग दिखाओ।

(आगे-आगे प्रहरी और उसके पीछे अशोक बाहर चले जाते हैं। राधागुप्त चिन्तित अवस्था में क्षण-भर वहीं खड़े-खड़े अशोक को जाते देखते हैं। फिर वे भी तेजी से चले जाते हैं। फिर दोनों ओर से प्रहरी प्रवेश करते हैं।)

पहला प्रहरी : गिद्धों और गीदड़ों को भगाते-भगाते मैं बुरी तरह थक गया हूँ। मनुष्य से युद्ध किया जा सकता है लेकिन जानवर तो कुछ सोचते नहीं।

दूसरा प्रहरी : वह देखो आकाश में गिद्धों की सेना कैसे मँडरा रही है। लेकिन मुझे ऐसा लगता है कि युद्ध का सचमुच अंत आ पहुँचा।

पहला प्रहरी : सुना तो मैंने भी है। सम्राट राजकुमार को क्षमा कर देंगे लेकिन अगर क्षमा ही करना था तो इतना बड़ा मरण-त्यौहार क्यों मनाया? इतनी बड़ी दानवी लीला किसलिए?

दूसरा प्रहरी : सम्राटों की माया कौन जानता है। एक क्षण वे रक्त और ज्वाला की भाषा बोलते हैं तो दूसरे क्षण वसन्त विहाग का राग छेड़ते हैं।

पहला प्रहरी : सम्राट महत्त्वाकांक्षी होते हैं। वे विजय चाहते हैं। किसी भी शर्त पर विजय। इस महानाश को देखकर हमारे सम्राट डर गए। सुना है अब वे हृदय के माध्यम से विजय प्राप्त करना चाहते हैं।

दूसरा प्रहरी : युद्ध और हृदय! हृदय और युद्ध! हमारी नियति तो आदेश का पालन करना ही है। आज गिद्धों को उड़ाते हैं, कल उन्हीं की सेवा करेंगे जिनको हमने मारा था। बीते कल हमने तलवार उठाई थी। आने वाले कल शायद हमें भिक्षु उपगुप्त से दीक्षा ग्रहण करने का आदेश मिले।

पहला प्रहरी : हमें तो आदेश पालन करना है।

दूसरा प्रहरी : सम्राटों के शासन में आदेशों का पालन करना ही मनुष्यों की नियति है।

(दोनों उसी प्रकार घूमते और बातें करते हैं और पर्दा गिर जाता है।)

बसन्त ऋतु का नाटक

पात्र

वह आदमी
युवक के पिता
युवती के पिता
युवक

(खुला मंच, एरेना थियेटर। मंच पर महज एक आदमी खड़ा हुआ दिखाई देता है। शेष मंच पर अंधकार है। वह आदमी पैण्ट और कमीज पहने हुए है। हाथ में छड़ी है। आँखों पर चश्मा है। अवस्था उसकी लगभग पैंतालीस वर्ष की है।)

वह आदमी : (दर्शकों से) कुछ ही दिन हुए मैंने अचानक ही संयोग से एक बसन्त देखा था। वह, बस अजब ही था। इतना अजब कि आप सबके सामने वह बयान नहीं किया जा सकता। इसलिए मजबूरन आज उसी बसन्त ऋतु का नाटक आपके सामने करना पड़ रहा है। मैंने उसे महज देखा था, तटस्थ रहकर केवल उसे अनुभूत किया था, मैं सिर्फ एक तीसरा आदमी था—इसलिए मैं उसका पात्र नहीं था—न आज इस नाटक की भूमिका में ही हूँ। जब पात्रता नहीं तो भूमिका कैसी? मैं तो बस आप ही सबकी तरह एक दर्शक मात्र था। तब भी और आज भी। खैर!...

आप सबको पता ही है—इलाहाबाद में एक मशहूर और मारूक पार्क है—अलफ्रेड पार्क। पार्क के बीचों-बीच एक गोलाकार पुष्पोद्यान है,

अपने चारों ओर एक रक्षा-परिधि से खिंचा हुआ। उस परिधि में चारों दिशाओं से चार घुमावदार दरवाजे हैं—बाहर से भीतर जाने के लिए। उस परिधि के भीतर ही इधर-उधर बैठने के लिए बेंचें लगी हुई हैं। फिर सामने मौसमी पुष्पों की हरी-भरी सात त्रिकोनी क्यारियाँ हैं। अलग पुरुषों की—रंग-बिरंगी, जैसे इन्द्रधनुष। जहाँ क्यारियों के शिखर हैं, वहाँ उस पुष्पोद्यान का यह 'बैण्ड सर्किल' है जिसमें दायीं-बायीं ओर संगमरमर की सिर्फ दो बेंचें हैं।

मार्च का महीना था—शुरू-शुरू के दिन। मौसमी फूल अब तक हँस रहे थे। लगता था, बसन्त ऋतु के हाथ में इन्द्रधनुष खिंचा है। रात के नौ बज रहे थे। पार्क तब तक सूना हो चुका था। अकेला मैं ही उस बाहरी परिधि की भीतर वाली एक बेंच पर गुम-सुम बैठा था। धीरे-धीरे फागुन का पछियाँव बह रहा था। मैं विचारशून्य महज वहाँ बैठा ही था। सप्तमी का चाँद मेरे पीछे मौलसिरी वृक्ष के ऊपर चुपचाप खड़ा था। तभी सहसा मैंने देखा, उत्तर दिशा से एक व्यक्ति और दक्षिण दिशा से दो लोग पार्क में से होते हुए उसी पुष्पोद्यान के भीतर आते हैं। और **(सहसा)** अरे! क्षमा कीजिएगा, यह लीजिए, वे लोग तो जैसे खुद ही मंच पर आ रहे हैं। तो मैं फिर चुपचाप अपनी उसी बेंच पर बैठने जा रहा हूँ। देखिए, आप लोग बहुत ध्यान से सुनिएगा, हाँ! ये लोग एक बड़ी मजेदार बात करने आए हैं।

(उस आदमी का प्रस्थान। बाईं ओर! मंच पर प्रकाश फैल जाता है। दृश्य उभर आता है। मंच के बीचोंबीच ऊँचाई पर उसी बैण्ड-सर्किल का दृश्य है। दाईं-बायीं ओर वही दोनों छोटे गेट। दाईं ओर से वही दो बुजुर्गवार प्रवेश करते हैं। दोनों की अवस्था यही पचास वर्ष है। युवक के पिता का सिर खुला है—धोती, कुर्त्ता पहने हैं—ऊपर जवाहर बण्डी। युवती के पिता पैण्ट और बंद गले के कोट में हैं, अर्थात् सूट में हैं। सिर पर सूट से मैच खाती टोपी है। बाईं ओर से युवक का प्रवेश। पैण्ट और बुश्शर्ट पहने हुए। अवस्था यही छब्बीस-सत्ताईस वर्ष। बुजुर्गवार दाईं ओर की बेंच पर हैं—युवक बाईं ओर की बेंच पर)

युवती के पिता : तो बात शुरू की जाए! क्यों शुकुल जी, ठीक है न!

युवक के पिता : बिलकुल! इसीलिए तो हम लोग यहाँ आए हैं; हैं जी! तो जज साहब, बात कहाँ से शुरू की जाए! लीजिए! अब आप ही शुरू कीजिए; हैं जी!

युवती के पिता : अजी साहब, मैं क्या बात शुरू करूँ? आप ही शुरू कीजिए।

युवक के पिता : अजी साहब, आप शुरू कीजिए।

युवती के पिता : कैसी बात करते हैं जो भाई साहब! और मैं क्या बात कर सकता हूँ। शुरू कीजिए।

युवक के पिता : नहीं आप।

युवती के पिता : नहीं, आप।

युवक के पिता : नहीं-नहीं, आप।

युवती के पिता : नहीं-नहीं, आप।

युवक के पिता : खैर, तो जज साहब, यह बात भी क्या चीज होती है अपने आप में! अहा-हा! हैं जी! ठीक कर रहा हूँ न!

(युवती के पिता चुप हैं।)

युवक के पिता : अब यही बात देखिए न, क्या बात पैदा हो गई है यहाँ! यह पार्क! यह फुलवारी! यह गजब की 'प्रायवेसी'! हैं जी! देखिए जज साहब, ये अँग्रेज भी खूब थे। शहरों में पार्क की यह कल्पना उन्हीं अँग्रेजों की ही है ताकि हम परदों में रहने वाले इण्डियन्स यहाँ आकर अपने मसले हल किया करें। हैं जी! अब देखिए न जज साहब, यह संगमरमर की बेंच भी क्या चीज है? अहा-हा क्या बात है! यही वह संगमरमर है जिस पर शाहजहाँ और मुमताज ने बैठकर कभी मुहब्बत की थी। यही वह संगमरमर है, हैं जी, यही वह संगमरमर है जिस पर कुइन विक्टोरिया ने बैठकर इंग्लैंड से हमारे हिंदुस्तान पर हुकूमत की थी, हैं जी! और यह वही संगमरमर है जहाँ हम बात कर रहे हैं। ठीक है न! अब आप बात शुरू कीजिए।

युवती के पिता : जी हाँ...जी हाँ! देखिए, आपको यहाँ आने में तकलीफ तो जरूर हुई होगी, लेकिन मैंने सोचा, यह जगह हर ख्याल से बड़ी उम्दा रहेगी। हम धर्मेन्द्र बेटे से खुलकर साफ-साफ बातें कर सकेंगे, और यह भी हमें खुलकर जवाब दे सकेगा।

युवक के पिता : जी हाँ, बिलकुल ठीक! अब देखिए न, बात शुरू हो गई है न!

युवती के पिता : हाँ, तो बात शुरू कीजिए।

युवक के पिता : लीजिए, आप फिर रुक गए! बात शुरू रखिए न, बस बोलते रहिए। हैं जी! बस बात होती ही रहनी चाहिए। अब यही कि हम लोग यहाँ एक विवाह की बात करने आए हैं। ओहो, विवाह की बात भी क्या चीज होती है! अब शुरू कीजिए न, हैं जी!

युवक : (**सहसा उठकर**)—पिताजी, अब मुझे यहाँ से जाने की आज्ञा दीजिए।

युवक के पिता : यह सँभालो, हैं जी! अब असली बात पैदा हुई। जज साहब, मेरे बेटे का समय बड़ा ही कीमती है।

युवती के पिता : अरे बैठो बेटा, बैठो-बैठो!

युवक के पिता : अच्छा-अच्छा, बैठ भी जाओ। हाँ जी, बात शुरू कीजिए।

युवती के पिता : समझ में नहीं आता, कैसे कहाँ से बात शुरू करूँ!

युवक के पिता : लीजिए, मैं शुरू कर रहा हूँ—हाँ बेटा धर्मेन्द्र! बात तुम्हारी शादी की है—मेरे दोस्त जज साहब की इकलौती बेटी बासन्ती के साथ। हैं जी! अब आगे बढ़िए।

युवती के पिता : बेटा, मेरी बासन्ती को तुम पिछले कई सालों से जानते हो। वह तुम्हें चाहती है, तुम उसे चाहते हो, और अब हम लोग भी चाहते हैं कि तुम दोनों की शादी हो जाए।

धर्मेन्द्र : जी।

युवती के पिता : जो तुम्हें शादी मंजूर है न!

(धर्मेन्द्र चुप है)

युवक के पिता : अरे तुम बोलते क्यों नहीं बेटा ? हैं जी...!

धर्मेन्द्र : क्या बोलूँ?

युवक के पिता : अब सँभालो। हैं जी! अब इन्हें भी बताना पड़ेगा कि यह हजरत क्या बोलें! अरे बोलो, बासन्ती से अब तुम अपनी शादी करोगे न?

(धर्मेन्द्र चुप है)

युवती के पिता : शुकुल जी आप तो जानते ही हैं—यह अब बासन्ती और धर्मेन्द्र की शादी का ही केवल सवाल नहीं है, यह तो अब मेरी इज्जत का सवाल बन गया है, क्योंकि पिछले कई वर्षों से मेरे सारे सगे-संबंधी, नाते-रिश्तेदार—सभी को पता हो गया है बासन्ती और धर्मेन्द्र की शादी

होने जा रही है।

युवक : यह झूठ है। बल्कि सबको यह पता है कि बासन्ती के पिता जज साहब—जिनका शुभ नाम श्री राजकुमार वाजपेयी है—वह अपनी बेटी की शादी धर्मेन्द्र से नहीं करेंगे।

युवती के पिता : आरे रे रे! क्यों नहीं? क्यों नहीं? मैं तुमसे अपनी बेटी की शादी क्यों नहीं करूँगा? आखिर क्यों?

युवक : इसलिए कि हमारे समाज में यह ब्याह-शादी मनुष्य से, मनुष्य के रिश्ते से नहीं होती, हमारे यहाँ शादियाँ होती हैं नौकरी के रिश्ते से, पद और भौतिक खयालों से। ब्याह हमारे यहाँ महज एक कर्मकाण्ड है—एक परम्परा का पालन। यह जीवन-अनुभूति, जीवन-संगीत नहीं है।

युवती के पिता : भाई, समाज की तो बात मैं नहीं जानता, मैं सिर्फ अपनी बेटी को जानता हूँ। मुझे जब यह पता चला कि वह तुम्हें चाहती है, और तुम उसे चाहते हो, तो बस मैं भी यही चाहता हूँ, तुम दोनों का मंगल-ब्याह जरूर हो।

युवक के पिता : हैं जी! ठीक किया आपने।

युवक : ठीक ही किया आपने। पर बहुत विलम्ब से। (**युवक भावनाओं में खड़ा हो जाता है**) काश आपने यही निर्णय उस समय कर लिया होता जबकि मैंने स्वयं बासन्ती से ब्याह के लिए आपको अपना विनम्र निवेदन किया था! पर तब मैं सिर्फ एक साधारण व्यक्ति था—एक मनुष्य मात्र—तभी आपकी निगाह में मेरी जरा भी इज्जत नहीं थी। मैं अपदार्थ था तब। और आज जब मैं संयोग से डिप्टी-कलक्टर हो गया तो सहसा एकदम से मूल्यवान हो गया। गोया मैं आदमी नहीं, शेयर-मार्केट का भाव हूँ।

युवक के पिता : हैं जी! अब जवाब दीजिए वाजपेयी साहब। बेटा, बैठ जाओ, तुम भावनाओं में आ गए हो न, हैं जी! तुम इस तरह थक जाओगे बेटा! हैं जी...!

युवती के पिता : सुनिए-सुनिए शुकुलजी, यह बात सच है कि तुम्हारी शादी के लिए जान-बूझकर मैंने मना कर दिया था, क्योंकि तब तुम मेरी

नजर में नाबालिग थे।

युवती के पिता : हैं जी, नाबालिग क्या कहा आपने? नाबालिग!

युवक : लेकिन उसी वर्ष जिस लड़के को आपने अपनी बेटी की शादी के लिए अपने घर की लड़की दिखाने के लिए बुलाया था—उसकी उमर मुझसे एक साल कम थी।

युवक के पिता : पर बेटा, वह देखने में तुमसे बड़ा लगता रहा होगा, हैं जी! जज साहब मैं सच कहता हूँ, कुछ लोग ऐसे होते हैं कि वे बुड्ढे हो जाते हैं पर लगते हैं नाबालिग, और कुछ लोग नाबालिग रहते हैं पर लगते हैं बुड्ढे ! हैं जी!

युवती के पिता : अजी शुकुल जी, आप तो मजाक करते हैं। मैं जो कुछ कह रहा हूँ, सही कह रहा हूँ।

युवक : जी नहीं, आप सही नहीं कह रहे हैं। आज आप सिर्फ वकालत कर रहे हैं, जिसमें भावना नहीं केवल एक निर्मम स्वार्थ है।

युवक के पिता : अरे मेरी बात तो सुनो बेटा!

युवक : आपने तब मेरी पवित्र भावनाओं को अस्वीकार कर दिया, क्योंकि आप मुझे बिलकुल नहीं चाहते थे। आप मुझे एक गैर-जिम्मेदार आवारा लड़का समझते थे। जब मैं एम.ए. में सेकण्ड डिवीजन पास हुआ तो आपने मेरे लिए कहा था—यह सिर्फ क्लर्क बनेगा।

युवक के पिता : हैं जी, साहब, सुन रहे हैं न !

युवक : और जब मैं रेलवे में इंस्पेक्टर हुआ, तब आपने मेरे लिए कहा था—रेलवे के एक मामूली इंस्पेक्टर से डिस्ट्रिक जज की लड़की की शादी नहीं हो सकती।

युवती के पिता : सुनो तो भाई! ओहो, ओ सुनो तो!

युवक : ठीक है, आप मुझसे अपनी बेटी की शादी न करते। लेकिन जब मैं छुट्टी पाकर कुछ समय के लिए आपके घर आता था और आपके परिवार में बैठकर जब मैं बासन्ती से बातें करना चाहता था, तब आपको उतना भी क्यों असह्य होता था ? क्यों आप अपने कमरे में बेचारी बासन्ती की माँ को फटकारते हुए मुझे सुनाते थे कि यह धर्मेन्द्र क्यों यहाँ बैठकर सहगल के गाने गाता है ? मुझे यह कतई

पसंद नहीं....।

युवती के पिता : सुनो-सुनो-सुनो ! मेरी बात भी तो सुनो !

युवक के पिता : जरूर-जरूर हैं जी ! सुनो धर्मेन्द्र !

युवती के पिता : देखो, मेरे और तुम्हारे घर का पुराना संबंध है। तुम्हारे पिता मेरे दोस्त और सहपाठी रहे हैं। तुम्हारे पिता जमींदार थे। मैं मुन्सिफ से धीरे-धीरे आज डिस्ट्रिक जज हुआ। तुम्हें हमेशा मैंने अपने लड़के की तरह माना। तो क्या मुझे तुम्हें डाँटने का और सही रास्ते पर देखने का तब हक नहीं था ? मैं गोया एक बात कह रहा हूँ।

युवक के पिता : हैं जी, क्यों नहीं ?

युवती के पिता : मुझे कभी भी लड़के-लड़कियों को इस तरह हा-हा, ठी-ठी करते देखने की आदत नहीं है। मैं डिसिप्लिन का सख्त कायल रहा हूँ।

युवक : झूठ है यह ! सरासर झूठ !

युवती के पिता : ओहो धर्मेन्द्र ! तुम कैसी बात कर रहे हो ?

युवक के पिता : देखो बेटा, जज साहब की मजबूरियाँ भी तो समझो तुम, हैं जी, जरा बेटा, ठीक से बातें करो तुम।

युवक : बताइए न, मैं इनसे किस तरह से बातें करूँ ? इनकी बेटी बासन्ती की तरह मैं अपने संग छल करूँ क्या ?

युवती के पिता : छल ? कैसा छल ? शुकुल जी, यह धर्मेन्द्र क्या कह रहा है आज ?

युवक के पिता : हैं जी ! कमाल है, मैं भी कुछ नहीं समझ पा रहा हूँ।

युवक : आप लोग सब कुछ समझते हैं। पर मुश्किल यह है कि आप उसे स्वीकार नहीं करना चाहते। आप सब को पता है—बासन्ती के संपर्क में मैं पिछले दस वर्षों से हूँ। मैं उसके समीप तब से हूँ जब मैं अपने पिताजी के संग बासन्ती की बड़ी बहिन साधना की शादी में जज साहब के घर गया था। कानपुर में तभी मैंने बासन्ती को पहली बार देखा था। तब बासन्ती हाईस्कूल में पढ़ रही थी। हम दोनों अनायास एक संग खाते-पीते और बहिन की शादी के कार्यों में हाथ बँटाते थे। बासन्ती ने मुझसे तब कहा था—यह धर्मेन्द्र नाम मुझसे नहीं लिया

जाता। यह तो बड़ा 'सीरियस' नाम है। फिर उसने मेरा नाम रखा धम-धम पावस ऋतु ! (हँस पड़ता है) धम-धम पावस ऋतु ! फिर मैंने भी उसका नाम रखा—बस-बस बसन्त ऋतु !

युवती के पिता : ओहो ! वाह बेटा ! शाबाश...।

युवक : तभी पहली बार उसके सामने बैठकर मैंने सहगल का वह पहला गीत गाया था—सुनो-सुनो, हे कृष्ण काला ...फिर उसके दो वर्ष बाद मैंने बासन्ती को पहला पत्र लिखा था जो दुर्भाग्य से आपके हाथ में पड़ गया था, और जिसे आपने बड़ी नफरत से फाड़कर कूड़े में डाल़ दिया था।

युवती के पिता : ओहो, तुम्हें कैसे मालूम हुआ ?

युवक के पिता : हैं जी ! जरा गौर कीजिए, हुई न एक बात ! हैं जी ! आगे बोलो बेटा !

युवक : यह बासन्ती ने मुझे बताया था। और तब से मैं उसे कभी एक पत्र भी न भेज सका। पत्र लिखता था उसके लिए, पर उसे अपने पास ही रख लेता था।

युवती के पिता : शुकुलजी, दरअसल बात यह है कि मुझे इस तरह की चिट्ठी-पत्रियों से सख्त नफरत है। यह क्या मजाक है, पंडित जी !

युवक के पिता : हैं जी ! यह तो अपने-अपने दिलो-दिमाग की बात है। बुरा मत मानिएगा, हैं जी ? मैं कोई बुरी बात नहीं कह रहा हूँ। हाँ ...बेटा, 'कैरी ऑन' !

युवक : इसके बाद बासन्ती एफ.ए. पास हुई और उधर मैं एम.ए. पास हुआ। बासन्ती की शादी के लिए तब तक लड़के देखे जाने लगे। उसी वक्त मैंने आपको बासन्ती से अपनी शादी के लिए प्रस्ताव दिया और आपने उसे बेरहमी से ठुकरा दिया।

युवती के पिता : भाई, मैंने वह सिर्फ 'डिसिप्लिन के प्वाइण्ट ऑव व्यू' से किया था।

युवक के पिता : हैं जी ! बिल्कुल ठीक किया था आपने ! लौंडों की यह मजाल ! आखिर हम लोग इतने ऊँचे कान्यकुब्ज ब्राह्मण हैं कि कोई मजाक है।

युवक : बासन्ती बी.ए. में पढ़ने लगी। उसे देखने के लिए बनारस से एक लड़का आया—एम.बी.बी.एस. पास एक वर। उसने बासन्ती को देखा और वह बासन्ती को अस्वीकार करके चला गया। बासन्ती रोई, बहुत रोई, पर आपने उसे डाँट-फटकारकर चुप कर दिया।

युवती के पिता : जी हाँ, उसमें रोने की क्या बात थी। ऐसा तो होता ही है आजकल।

युवक के पिता : जी हाँ, देखिए यही जो हो रहा है ! हैं जी !

युवक : तब मैं रेलवे में 'वेलफेयर इंस्पेक्टर' हो गया था, कानपुर में रहता था और आप फतेहगढ़ में डिस्ट्रिक्ट जज थे। मैं हर इतवार को आपके यहाँ जाता था, पर मुझे बासन्ती से नहीं मिलने दिया जाता था। मैं सबके सामने उससे बात करता था, पर वह निरुत्तर मेरे सामने से हट जाती थी। मेरे खिलाफ जैसे आपकी कोई सख्त आज्ञा उस घर में चारों ओर खिंची रहती थी। मैं मन-ही-मन अनुभव करता था, पर मैं अपने से लाचार था। उन्हीं दिनों एक दूसरा लड़का नैनीताल से बासन्ती को देखने आया था। मेरे सामने ही वह बासन्ती को अपने संग लिए हुए इधर-उधर सुबह से शाम तक घूमता रहा। आप भी उस समय बँगले पर मौजूद थे, पर उस दिन आपकी सारी कट्टरता न जाने कहाँ गायब थी ! उस लड़के ने शादी में आपसे एक नई कार और दस हजार रुपयों की माँग की थी—और इस तरह से वह शादी भी नहीं तय हो पाई।

युवती के पिता : बात यह है शुकुल जी, वह लड़का मुझे पसन्द नहीं आया।

युवक : जी नहीं, उस लड़के को आपकी लड़की ही नहीं पसन्द आई, इसलिए वह सौदा महँगा ही था।

युवक के पिता : देखिए वाजपेयीजी, हैं जी ! मेरा लड़का कभी झूठ नहीं बोलता। वाह रे मेरा बेटा ! वाह, हैं जी !

युवक : बासन्ती फिर रोई थी। वह भीतर से अपने को बन्द करके रोई थी। और बाहर आँगन से मैंने फिर बासन्ती से अपनी शादी के लिए आपसे निवेदन किया था और आपने उसे भी ठुकराया था।

युवती के पिता : शुकुलजी आपसे धर्म की कसम खाकर कहता हूँ—दरअसल

उस समय मैं अपने आप में नहीं था। मेरा सारा दिमाग खराब कर दिया था नैनीताल के उस लौंडे ने।

युवक : आप जज थे—जिले-भर के न्यायाधीश। आपका इस तरह दिमाग खराब हो जाना आपके लिए ठीक ही था। सच, न्याय ऐसे में ही हुआ करता था।

(युवक के पिता ठठाकर हँसने लगते हैं। युवक अपनी जगह पर बैठ जाता है।)

युवक के पिता : (**उठकर**) भाई माफ करना जज साहब मुझे। बेहद हँसी आ गई; हैं जी ! कैसे कहता है मेरा पूत ! वाह ! वह भी किस अन्दाज से ! 'न्याय ऐसे में ही हुआ करता है !' वाह ! (**हँसते हैं**) ओहो, आनन्द आ गया। बुरा मत मानिएगा वाजपेयी जी, यह लीजिए, पान खाइए ! हैं जी !

युवती के पिता : खाइए आप !

युवक के पिता : अरे लीजिए तो ! बिना पान कैसे चलेगा, हैं जी ! अरे लीजिए तो (**देते हैं**), लो बेटा तुम भी खा लो, तुम्हारा गला तो बेहद सूख गया होगा, हैं जी ! वैसे वाजपेयी जी, मेरा यह मुन्ना कभी पान नहीं खाता, इतना अच्छा बेटा ! आ हा हा ! न जाने कैसे तब इसके विषय में आपकी 'ओपीनियन' खराब हो गई थी कि एक ऐसा-वैसा लड़का है ! अरे खूबसूरत है, खुश-मिजाज है मेरा बेटा, गाना-वाना भी गा लेता है—तो जाहिर है, लड़कियाँ शुरू से ही इसके आस-पास घूमेंगी ही। इसमें मेरे बेटे का क्या दोष ! जरा सोचने की बात है, हैं जी !

युवती के पिता : शुकुलजी, क्या बताऊँ, बस उस समय गलती हो ही गई !

युवक के पिता : दरअसल मेरे बेटे का चेहरा ऐसा ही है, हैं जी ! होता है कभी-कभी ऐसा, हैं जी !

युवती के पिता : शुकुलजी, एक गलती और भी हुई। बैठिए तो, बताऊँ —जोर से कहने लायक बात नहीं है।

(युवक के पिता बैठते हैं।)

युवती के पिता : मेरी बेटी ने भी दरअसल मुझे कभी इस बात का संकेत

नहीं दिया कि वह धर्मेन्द्र को इतना चाहती है।

युवक के पिता : अजी कुछ लड़कियाँ बड़ी चुप्पी होती हैं।

युवती के पिता : बासन्ती की माँ ने भी मुझे कुछ नहीं बताया।

युवक : किसी ने नहीं बताया, किसी ने कुछ संकेत नहीं किया, क्योंकि वह आप नहीं चाहते थे, क्योंकि आपको प्रसन्न रखना आपके घर वालों की पहली जिम्मेदारी थी।

युवती के पिता : धर्मेन्द्र, मेरी बात तो सुनो।

युवक : किसी में इतना व्यक्तित्व हो तो कि आपसे कोई अपने मन की बात कह सके।

युवक के पिता : **(किंचित् गुस्से में खड़े होकर)** क्या मतलब तुम्हारा ? यह व्यक्तित्व किसे कहते हैं ?

युवक : पर्सनाल्टी को।

युवक के पिता : व्हॉट इज पर्सनाल्टी ?

युवक : यह एक चिड़िया होती है।

युवक के पिता : चिड़िया होती है।

युवक : जी हाँ, एक चिड़िया।

युवक के पिता : क्या कहा ?

युवक : हैं जी, कुछ नहीं !

युवक के पिता : **(सहसा बदलकर)** ओहो ! अच्छा जी, अब मेरा लड़का मजाक के मूड में है। वाजपेयी जी, बस यही मौका है असली ! बस, झट से असली बात पर जा जाइए।

युवती के पिता : ठीक कहते हैं आप ! सुनो बेटा, भूले जाओ मेरी इन गलतियों को ! बस, मेरी बेटी बासन्ती से अपनी शादी अब मंजूर कर लो !

युवक के पिता : अरे भाई, जो कुछ देना हो, वह भी तो बता दो इसी समय !

युवती के पिता : दस हजार रुपये !

युवक के पिता : बस ! और वह नई कार ?

युवती के पिता : ठीक है, आखिर यह मेरी लड़की है—उस नई कार का

भी इन्तजाम जरूर ही करना होगा।

युवक के पिता : अब हाँ कर दे बेटा ! मेरा मुन्ना...राजा बेटा !

युवक : (तेजी से खड़ा होकर) नहीं, यह शादी मैं हर्गिज नहीं कर सकता।

युवक के पिता : क्या ?

युवक : अब यह शादी हर्गिज नहीं कर सकता।

युवती के पिता : क्या ?

युवक : मुझे यह शादी मंजूर नहीं।

युवती के पिता : आखिर क्यों ?

युवक : मैं कोई सौदा नहीं हूँ जो इस तरह मैं कहीं बेचा और खरीदा जाऊँ।

युवक के पिता : धर्मेन्द्र, तुझे क्या होश-हवास नहीं ?

युवक : खूब होश है मुझे ! जहाँ व्यक्ति का मूल्य नहीं, उसकी भावनाओं की इज्जत नहीं, वहाँ इस शादी का कोई मूल्य नहीं।

युवती के पिता : ऐसा मत कहो बेटा ! मैं तुमसे हाथ जोड़ता हूँ।

युवक : आज मैं संयोग से डिप्टी कलक्टर न हुआ होता तो क्या आप बासन्ती से मेरी शादी करते ? नहीं, कभी नहीं ! हर्गिज नहीं।

युवती के पिता : शुकुलजी, समझाइए इसे !

युवक के पिता : जज साहब, मैं ऐसे लौंडों से अब बात नहीं करना चाहता। खत्म हुआ सब ! इसकी ये हिम्मत जो मेरी बात काट दे ! तुझे पता है मैं तेरा बाप हूँ।

युवक : जी पता है !

युवक के पिता : क्या पता है ?

युवक : कि लोग कहते हैं कि आप मेरे बाप हैं ?

युवक के पिता : (क्रोध से) क्या कहा ? मैं तेरी जुबान खींच लूँगा। तू मुझसे मजाक करता है। तू मेरे गुस्से को नहीं जानता, अरे, मैं तेरी डिप्टी-कलक्टरी को तेरे सिर में डाल दूँगा।

युवती के पिता : शान्त रहिए शुकुलजी ! इस तरह यहाँ गार्डेन में गुस्सा करने से कोई फायदा नहीं।

युवक के पिता : हैं, जी !

युवती के पिता : चलिए, चला जाए अब यहाँ से।

युवक के पिता : जी हाँ, अब मैं घर पर पहुँचकर इत्मीनान से अपना यह गुस्सा करूँगा। आजकल के लौंडे अपने आपको समझते क्या हैं ? चलिए, चला जाय अब यहाँ से। ओहो, हद हो गई ? हैं जी ! (**दोनों बुजुर्ग चुपचाप दाईं ओर से निकल जाते हैं। युवक बाईं ओर से जाता है। सहसा उसी ओर पृष्ठभूमि से किसी की हँसी सुनाई देती है।**)

युवक : जी, कौन हैं आप ?

एक आदमी : एक आदमी।

युवक : आप यहाँ इस तरह क्यों छिपे बैठे थे ?

एक आदमी : जी, यह पार्क है। मैं वहाँ बेंच पर बैठा था—क्यों ? आपको कोई एतराज है क्या ?

युवक : आपको हँसी किस बात पर आई ?

एक आदमी : हँसी आती है—इसलिए आई !

युवक : तो आप यहाँ हमारी 'पर्सनल बातें' सुन रहे थे। आप लेखक-वेखक तो नहीं हैं ?

एक आदमी : वेखक तो नहीं, हाँ लेखक जरूर हूँ (**एक आदमी बैंड सर्किल में चढ़ जाता है।**)

युवक : (**वहीं नीचे से ही**) आप कवि हैं या कहानीकार ?

एक आदमी : जी, मैं नाटक लिखता हूँ।

युवक : ओहो ! तो आप नाटककार हैं ! आपका शुभ नाम ?

एक आदमी : क्यों आप मुझ पर कोई मुकद्दमा चलाएँगे क्या ? भाई, आप मजिस्ट्रेट हैं।

युवक : जी नहीं, पर आपसे मैं यह वचन चाहता हूँ कि आप इस पर कोई नाटक नहीं लिखेंगे। यह मेरा व्यक्तिगत प्रेम-विषय है।

एक आदमी : व्यक्तिगत प्रेम-विषय ! तो फिर आप बासन्ती से अपना ब्याह क्यों नहीं कर लेते ?

युवक : मैं ब्याह नहीं कर सकता।

एक आदमी : आखिर क्यों ?

युवक : मेरा अपमान हुआ है।

एक आदमी : लड़की के बाप ने आपका अपमान किया है—इसमें बेचारी

लड़की का क्या दोष ?

युवक : वह भावनाहीन है।

एक आदमी : हो सकता है उसका प्रेम मौन हो।

युवक : यह आपको कैसे पता ? आप मुझे अच्छे आदमी नहीं लग रहे हैं।

एक आदमी : आप तो अच्छे आदमी हैं न ?

युवक : आपसे मतलब ?

एक आदमी : मुझे आपसे सिर्फ यही कहना है कि आप उस लड़की से शादी क्यों नहीं कर लेते ?

युवक : मैं पूछता हूँ आपसे मतलब ? इन्हें ख्वामख्वाह इतनी चिन्ता हो आई कि मैं उस अच्छी नेक सीधी-सादी लड़की से अपनी शादी क्यों नहीं कर रहा हूँ।

एक आदमी : जी, आप मुझे इस तरह डाँट क्यों रहे हैं ?

युवक : क्योंकि यह मुझे अच्छा लग रहा है।

एक आदमी : आप बड़े अच्छे आदमी हैं।

युवक : आप किसी दूर के रिश्ते से लड़की के भाई तो नहीं हैं ?

एक आदमी : क्यों ? तब आप उससे शादी कर लेंगे क्या ?

युवक : **(आवेश में)** अजी आप कौन होते हैं इस तरह उस लड़की की शादी के लिए वकालत करने वाले ? आपको क्या पता है कि पिछले कितने सालों से मैं किस तरह की आग में जल रहा हूँ।

(आदमी वहीं आश्चर्यचकित खड़ा रह जाता है।)

वही आदमी : **(दर्शकों से)** देखिए न, वह नाटक यहीं अकस्मात् खत्म हो गया। नाटक का हीरो ही एकाएक चला गया। बेचारी हीरोइन का तो कुछ पता ही न चला। वह तो दृश्य में ही न आई। क्या करूँ मैं ? बस, इतना ही देखा था मैंने वह खेल। पता नहीं, आगे क्या हुआ इसका अन्त ? ठीक है—आप लोगों को पता ही चल गया होगा। अच्छा नमस्ते ! मेरा यह नाटक खत्म !

(सहसा दर्शकों में से एक व्यक्ति उठ खड़ा होता है।)

व्यक्ति : अजी नाटक वहाँ कैसे खत्म हुआ ? अब क्या छिपाऊँ—संयोग

से वह असली धर्मेन्द्र तो मैं हूँ यहाँ। **(बगल में बैठी लड़की को उठाता हुआ)** आओ चलो बासन्ती, वहाँ ऊपर चल। **(दाईं ओर से वे दोनों आते हैं।)**

आदमी : **(तब तक)** अरे गजब हो गया तो ! भाई, माफ करना धर्मेन्द्र बाबू ! मैं वह नाटककार नहीं हूँ जिसने आपको उस पार्क में देखा था। मैं सिर्फ एक आदमी **(भाव बदलकर)** आइए-आइए, चले आइए, शरमाइए नहीं। हाँ, सीढ़ियों से ऊपर चढ़ जाइए। डरिए नहीं। यह अल्फ्रेड पार्क का वह असली बैण्ड-सर्किल नहीं है। **(दोनों बैण्ड-सर्किल में खड़े हो जाते हैं।)**

धर्मेन्द्र : जी, मैं ही वह धर्मेन्द्र हूँ और यह वह बासन्ती है। आप लोगों के आशीर्वाद से तभी हम लोगों का ब्याह हो गया।

(सहसा दर्शकों में से एक दूसरा व्यक्ति उठ खड़ा होता है।)

दूसरा व्यक्ति : अरे सिर्फ ब्याह क्यों कहता है, बेटा ? हैं जी ! प्रेम-विवाह कह न ? हैं जी !

आदमी : जी, आप कौन हैं ?

दूसरा व्यक्ति : हैं जी, घबराइए नहीं। मैं वहीं आकर बताता हूँ। हाय राम ! अब तो परदा फाश हो ही गया है।

आदमी : आइए...आइए...तशरीफ ले आइए।

(बाईं ओर से दूसरे व्यक्ति का प्रवेश)

दूसरा व्यक्ति : **(दर्शकों से)** हैं जी ! मैं इस असली धर्मेन्द्र का वह असली पिता हूँ—श्री दीनबन्धु शुक्ला। हैं जी ! दरअसल बड़ा तेज है यह मेरा बेटा। 'वेरी फास्ट' जिसको अंग्रेजी में कहते हैं। बासन्ती बेटी के वह पिता **(सहसा दर्शकों से)** हैं जी, आप भी तो कहीं नहीं छिपे, हैं नहीं ! शुक्र है वह नहीं हैं यहाँ। हाँ जी, तो मैं यह बता रहा था कि वह जज साहब—श्री यशोदानन्द जी वाजपेयी, एक बड़े ही टेढ़े आदमी थे। अव्वल दरजे के शक्की, क्रोधी और मक्खीचूस ! भाइयो और बहिनो ! अगर मेरे इस लाडले बेटे ने उनसे 'नहीं-नहीं' कहकर वह नाटक न रचा होता, हैं जी, तो मेरे बेटे और बासन्ती की शादी न हो पाती। और अगर बड़ी मुश्किल से करते भी तो मुझे और मेरे

बेटे को ब्याह में एक पैसा भी नहीं मिलता। हैं जी ! क्योंकि यह प्रेम ब्याह था न।

बड़ा अच्छा नाटक था यह ! हैं जी ! **(आदमी से)** हम पर यह नाटक लिखकर आपने काम तो अच्छा नहीं किया है—पर खैर, जाइए माफ किया आपको ! हैं जी, जरा अपने ऐक्टरों को तो यहाँ बुलाइए, मैं उनसे मिलना चाहता हूँ।

(दाईं ओर से युवक के सभी अभिनेताओं का प्रवेश—आगे-आगे वही युवक के पिताजी की भूमिका करने वाला है।)

पिताजी : हैं जी, आप ही हैं वह !

युवक के पिता : हैं जी, आप ही हैं वह !

पिताजी : वही एक ही सवाल, हैं जी ?

युवक के पिता : वही एक ही सवाल, हैं जी !

पिताजी : खैर ! मुझे आप सबसे मिलकर बड़ी खुशी हुई— हैं जी !

(ऊपर बैण्ड-सर्किल में जाकर)

पिताजी : भाइयो और बहनो ! अपने बेटे की इस शादी की खुशी में मैं आप सबको एक डिनर देना चाहता हूँ—हैं जी, आप लोग अपने-अपने घर जाकर खुशी से वह मेरा डिनर खाइए। हैं जी।

(परदा)

●●●